幸せな女、幸せになりたい女

メンタルトレーナー
久瑠あさ美

サンマーク出版

肉眼では変化の読み取れない太陽も、天文学者が好奇心・探究心をもって望遠鏡を覗き込めば、磁場によって刻々と変化する表情を捉えることができます。

人の心というものも、創造力と熱意をもって真摯に向き合い、こちらの「感性の望遠鏡」を巧みに使うことで、刻々と揺れ動く心の表情を捉えていくことができるのです。

心はなぜ揺れ動くのでしょう?

そして人はなぜ不安に思い、惑うのでしょうか?

私たちが幾つになっても、心の宇宙で惑うのは、「心」そのものが目に見えない、不確かでカタチのないモノだからなのでしょう。

夜空に輝く「惑星」は、ギリシャ語で「彷徨《さまよ》う人(プラネテス)」という意味をもちます。惑星たちがあんなにも美しく光り輝けるのは、広大な宇宙の果てで彷徨い、揺れ動くからではないでしょうか?

グラデーションのように移ろいやすい「彷徨う人」の心というものも、多彩な惑星たちと同じく、それ自体がはかなく美しい現象なのだと思うのです。

無限に拡《ひろ》がる宇宙を観測し、謎解きを続ける天文学者と同じように、自らの果てしなく拡がる心の宇宙を、好奇心をもって覗いてみませんか?

「感性の望遠鏡」で心の宇宙を覗き込む「自分観測」を、一人一人が始めていく時代がやってきました。

そして、天文学者が望遠鏡の焦点を合わせ、広大な宇宙からひとつの星を探し当てるように、心のなかに潜むメッセージの謎を解き、あなたにとっての輝く希望を探し出していきましょう。

きっとそこには無限大の感動があるはずです。

久瑠　あさ美

目次

プロローグ

「自由な人生と、不自由な人生」

どちらを送りたいかと問われれば、誰もが自由な人生を送りたいと答えるでしょう。

「幸せな人生と、不幸せな人生」

どちらを選びたいかと問われれば、幸せな人生を選びたい。

誰もがそう答えるでしょう。

けれど、「自由な人生」や「幸せな人生」を望んだからといって、実際に自由や幸せを手にしている人というのは果たしてどれくらいいるのでしょうか。

幸せの法則は世の中にごまんとあるのに、その法則を知ったところで、幸せな人が世に溢《あふ》れかえらないのはなぜなのでしょうか。

答えはシンプルです。

「自分にとっての幸せ」がわからないからです。

多くの場合、自分にとっての幸せが何であるかを知る前に、他人や社会が決めた「これが幸せである」という、自分には無関係な幸せを追い求めてしまう。

自分とは縁遠い幸せなのにもかかわらず、それを摑《つか》まなければ、まるで人間失格であるかのような烙印《らくいん》を押されるのです。

自分にとっての幸せがわからない最大の理由は、幸せの感じ方を教わらず、「普通の幸せ」を無意識に押し付けられていることです。

幸せとはあなたの外側に転がっているものではなく、あなたの内側に見いだすモノ。

そして、幸せを探し続ける人生ではなく、幸せを自ら生み出し続ける人生にシフトする。

これからの時代を生き抜くために必要とされる新たな幸せの法則です。

「幸せな女」と「幸せになりたい女」を二分する、決定的な違いがそこにはあります。

それを本書でお伝えしていきたいと思います。

「あなたは今、幸せですか？」

こう問われたときに迷わず「ＹＥＳ」と答えられる人は、未来の自分を決められる人です。未来あなたが幸せで在りたいと願うのならば、あなたはこの問いに「ＹＥＳ」と答える必要があります。

「今、自分は幸せである」と意志決定することで、未来は創り出せます。

今の自分が幸せであれば、一分後の自分も幸せとなる。

そして、一分先の「未来の自分が幸せで在りたい」と思うのなら、その一分経つ前の「現在の自分も幸せである」と感じられていなくてはならないのです。

これまでのあなたが、明日を創るのではなく、「未来、こう在りたい」という現在の意志決定こそがあなたの明日を変えていきます。

「未来のことは、誰にもわからない」

明日あなたが幸せであるかどうかも、実のところ、フィフティフィフティの確率でしかありません。

不確かな未来に対し、「ＹＥＳ」と答えていくこと。

そこに価値があるのです。

「自分は今、幸せである」と自ら選択できる人だけが未来、幸せを掴むことができるのです。

明日幸せになれるかどうかではなくて、あなたが明日も明後日《あさって》も、一年後もその先も、見えない未来において幸せで在りたいかどうか。

それが重要なのです。そうしたあなたの意志決定が未来を創り出していきます。

あなたが未来を決めなければ、永遠に幸せな未来など訪れないのです。

「幸せになりたいと幸せを探し続ける人間は、残念ながら『幸せな女』にはなれない」

この真実に気づくことなく多くの女性は、「幸せになりたい症候群」と化し、世にはびこります。

これまでの人生を振り返ってみると、幸せではなかった。だからこの先も幸せになれるはずがないとどこかで決めつけてしまう。

それゆえ、「幸せですか？」という問いに対してＮＯと答える。明日の自分を信じられないから、今日もまた必死で努力をする。そして、幸せになれないのは努力が足りないからだと自分を責め続ける……。

世の中に存在する「幸せな人」というのは、すでに幸せなので、幸せを探し求めることなど決してなく、「幸せになること」に必死になったりはしないのです。

一方、「幸せになりたい人」というのは、今幸せでないので、幸せになりたいと模索します。

幸せとは目に見えるカタチとして存在しているものではありません。

自ら生み出し、感じていくモノなのです。

そして、「人生が幸せであるかどうか」それは、今、あなたの人生に起きていること自体が問題なのではなく、幸せを感じ取れる心の在り方をもてているかどうかなのです。

メンタルトレーニングでは、見えない未来に対して「YES」と言える心の在り方を創り上げていきます。

「心の在り方」それはつまり「心の視点」の高さのことです。

心の視点が高く引き上げられれば、見える景色は拡がります。

空を飛ぶ「鳥」のように、遥《はる》か彼方《かなた》まで見渡すことができます。

心の視点が引き下がれば、自分は地面に這《は》いつくばる「虫」のようにとても不自由でちっぽけな存在に感じられます。

目の前に立ちはだかる障害だらけの世界を生きることになるのです。

あなたは、どちらの人生も選ぶことができます。

心の在り方で、人生は二分されます。

軽快に空を舞う鳥のように、羽を羽ばたかせて、まだ見ぬ未来の自分を創り出す。誰もがそうなれるにもかかわらず、自由な生き方を放棄し、目の前にたちはだかる現実の壁とひたすらに向き合い続ける。

地べたに這いつくばるちっぽけな虫のような低い視点から見上げる、目の前の壁は、越えられないほど大きく見えます。もちろん誰もがそんな人生を選択したいと思ってはいない。けれど、「変わりたい」と思いながらも、変わることを拒み続ける矛盾を生きるのが人間という生き物なのです。

「変わりたいのに、変わることを拒む自分」を黙らせ、「変わりたい自分」を解き放っていく。

心の視点を引き上げ、地上に生きる自分ではなく、空高く舞い上がる新たな自分を創り上げていきます。

メンタルトレーニングはそれを可能にしてくれます。

世界は、目に見えるものと、目に見えないモノとで成り立っています。

目に見えるものというのは、物理的な存在のこと。手に取ることができ、カタチとしてそこに存在しているものです。

一方で、目に見えないモノとは、心で感じていくモノのことです。カタチにはできないけれど、確実に存在しているモノ。

私たちは実は、この二つの世界に生きているのです。

人間は本来、目に見えないモノを感じ取れる「心」というモノをもって生まれてきます。それは、人間がこの不自由な、目に見えるもの、カタチあるものばかりに囲まれた物理次元の地上に生まれ落ちたからです。
多くの人が生きることは難しい、不自由だと感じてしまうようになるのは、人間が心をもって生まれたにもかかわらず、その力を使わずに退化させてしまっているからです。
メンタルトレーニングは、筋トレとよく似ています。普段から筋力を鍛えている人には楽々と持ち上がるダンベルも、まったくトレーニングをしていない人には持ち上げることができません。同じように心というものも、トレーニングを怠ければ、すぐに心の体力は落ちてしまいます。逆に言うと、トレーニング次第で、心の視点はどこまでも引き上げていくことができるのです。

「心の視点が引き上がれば、すべては上手くまわりだす」

人生で幸せを感じられるかどうかは、すべてあなたの視点の高さ次第です。

物理次元からいかに離れ、自由になれるかにかかっているのです。


「こんなはずじゃなかった……」

「いつも息がつまってしまう……」

「人間関係、何とかしたい……」

「人生なんて思いどおりになんていくはずがない」

そう思っている人の多くは、まだ気づいていないだけなのです。

これまでどんなに努力しても上手くいかなかった人にこそ、「心の視点」を上げるメンタルトレーニングは効き目があります。

私はメンタルトレーナーとして、これまでたくさんの心と向き合ってきました。

目には見えないけれど、確実に存在する「心」が何を感じ取っているのか、その心の矛先に未来を創り出すお手伝いをしています。

私が目に見えない心というモノとどのように対話していくのか、多くの人は不思議に思うでしょう。

私にとってはいたってシンプルなことです。目に見えないからこそ、感じられるモノがそこにはあります。日常の生活空間、目に見える物理的な世界から、心という目に見えない領域の世界に、アクセスするのです。そうして言葉にならないモノを、感じ取っていくのです。


「人生が上手くいかないのは、自分の性格のせい」

そう思っている人も、多くいます。


「性格なんて変える必要はない。変えようとするから上手くいかないんです。必要なのは、心の視点を引き上げること」

私はこう伝えます。

あなたの人生を創り上げるのに、性格や能力、実力といった今現在の状況は、いっさい関係ないのです。

究極のところ、どんなに努力をして、正しい行いをして、言いたいことを我慢して、いい人間になろうと頑張ってきても、それが幸せに結びつくとは限らないのです。

そもそも、自分が今まで正しいと思ってきたことが、実は正しくなかったりもする。今まで善だと思ってきたことが、実は善ではなかったりもする。社会を生きる上でそんなことは数えきれないほど存在しています。

世の中は、矛盾で溢れかえっているのです。

その真実にうっすらと気づきながらも、そんなはずはないと疑っては、目をふせ、心にふたをし、今日を終える。昨日までの自分を守るために、これまで信じてきたものや価値観を、明日の人生にあてはめては自分をごまかしたりはしていませんか。

こうした生き方は果たして、あなたを幸せに導いてくれるのでしょうか。

そう在るあなたは幸せなのでしょうか。

「ずっとずっと守ってきたと思っていたものがいっぱいあって、ちょっとふたを開けてみたら、実は自分自身以外のものがたくさん入っていた」

どんなにたくさん入っているように見えても、実は満たされてはいない、空っぽな人生だったりする。満たされない思いだけがふつふつとわいてきて、でも人と比べたら自分はまだましなのかもしれない……。

そんな思いをぐるぐると抱えて、いつしかどこへ向かいたいのかさえわからなくなっていく。

他者との比較のなかでは、自分の幸せというモノは見いだすことはできません。自らの幸せを見いだしていく人生を送りたいはずなのに、いつしか他人の人生ばかりを見続けてしまってはいませんか。

前向きに年を重ねて、幸せを求め続けて生きてきたはずなのに、気づけば自分の今の人生を肯定すらできていないとしたら。

今こそ、自分自身を取り戻すタイミングです。

真面目に生きることをよしとして生きてきた人々は、与えられた目の前の環境のなかで、自らの役割を果たそうと懸命に努力します。「こう在りたい」ではなく「こう在るべき」という自分を貫くことで今日を終え、明日が来るのをひたすらに、同じ場所で待ちわびるのです。まるで、来る日も来る日も働き続ける蟻《あり》のような人生。

「真面目」に生きるとは、字のごとく地面に這いつくばって、「真っ向から見た目線で生きる」「物事を平面で捉えて生きる」ということ。

一方で、在るがままに生きる人は、世界を立体的に捉えています。高く飛び立つことによって自らの視点を引き上げ、物事を様々な角度から自在に捉えることができるのです。

この本では、心の視点が高い女を「鳥おんな」。
心の視点が低い女を「虫おんな」としてお伝えしていきます。

鳥おんなと虫おんなの二つの生き方、私たちはそのどちらにもなりうるのだという姿を描き出しました。

「意識できている自分と、まだ意識できていない自分」

人間には二つの自分が在ります。
どちらがいいか悪いかではありません。
どちらも選べるし、どちらにもなりうるのです。

すべては、あなたが決められる。

人生を変えていくのは、あなたの心の在り方です。

鳥おんなのように生きることも、虫おんなのように生きることも。
あなたは選ぶことができます。

気高く生きるのか、カッコ悪く生きるのか。

美しく生きるのか、醜く生きるのか。
感情のうずに呑《の》みこまれて生きるのか。

本書には、そうしたたくさんの鳥おんなと虫おんなが登場します。

「心の視点を引き上げれば、人生は上手くいく」

あなた自身でそれを、体感してください。

幸せな鳥おんな、幸せになりたい虫おんな

「幸せな女」は、いつだって、自分は幸せであると感じられているので、わざわざ幸せになりたいなどと思うことはありません。それゆえ、明日も明後日も幸せで在り続けられると感じられるのです。

「幸せになりたい女」というのは、今もこれまでも幸せでないから、未来こそは幸せになりたいと願うのです。それゆえ、幸せにしてくれる何かをひたすら求め続けるのです。

幸せとは、心で感じていくモノ。
自らの内側に見いだすモノです。

「幸せになりたい女」が幸せを自らの外側に探し求める以上、永遠に幸せを見いだすことなどできないのです。

幸せな鳥おんなというのは、常に自分自身が満たされているのか、心地がいいのか、そして幸せであるのかどうなのか、それをひたすら自らの心で感じようとする。そうして、外側にある世界から、自分にとっての幸せを引き寄せることができる女なのです。

幸せであるかどうかの価値基準が自分にあるので、幸せだと感じないモノには近寄ることもありません。自分が幸せだと思う価値あるモノを、自分の内側に取り入れるので、幸せが内側に溢れていきます。

そして、溢れんばかりの幸せを外側の世界にも惜しみなく与えようともします。それゆえ、幸せな鳥おんなは、他人から見ても幸せな女なのです。

一方、幸せになりたい虫おんなは、どんなときも幸せになることに必死です。

今自分が幸せなのかどうかで、自分の価値が変動すると思っています。他人から見て幸せかどうかが、幸せの価値基準なのです。

つまりは、幸せになりたいと願う虫おんなは、「幸せに見える女」になりたい女なのです。「人から見て幸せな女でなければ、自分は幸せではない」という思いに囚《とら》われています。それは、虫おんなの幸せのモノサシが、常に自分の外側にあるので、価値観そのものが流動的なものとなってしまうからなのです。

それゆえ、幸せになりたい虫おんなは、たとえ目の前に幸せが舞い降りてきたとしても、それに気づくことはありません。なぜなら、幸せの価値そのものがわからないからです。今自分に起きている出来事が、幸せであるのかどうかがわからないのです。

そもそも幸せというのは目に見えず、カタチにできないモノ。

目に見えないがゆえに、不確かなモノだと思われがちです。けれど、不確かではあるけれど、幸せとは確実に存在しています。それを感じ取るために、人間には「心」が在るのです。

私たちの住む物理次元は、目に見えないモノをカタチにして伝えることでしか成り立たない世界だと言えます。

想《おも》いをカタチにして人に伝える手段や方法として、メールや手紙やプレゼントなどが存在します。

そうしたものに慣れてしまえば、その裏にある想いを感じることなく、プレゼントがないことやメールの返事がないことばかりに終始囚われていく。

虫おんなは、自らが幸せを感じることを放棄して、「幸せな女に魅せること」に必死になって、お金や時間を使うのです。そうして未来永劫《えいごう》、幸せになりたいと願い続け、幸せを感じられないまま生涯を終えるのです。

目に見えないモノの価値や、人の心の真意に気づけずにいることで、喪失感と孤独まみれの蟻地獄へと誘《いざな》われます。やがて人生の価値すらも感じることができなくなってしまう。気づけばそうした孤独を必死に埋めるための人生を繰り返すのです。

「こんなはずじゃなかった」

「いつかきっと幸せになってやる」

そう言ってまた、どこにも転がってなどいない幸せというモノを、這いつくばって探し続けるのです。

未来を摑む鳥おんな、過去を手放せない虫おんな

人生は、選択の連続です。
ここに、二つのメッセージが書かれたカードがあります。
「人生が、上手くいく」と書かれたAのカード。
「人生が、上手くいかない」と書かれたBのカード。
あなたが、二枚のうち一枚を選べるとしたら、どちらのカードを引きますか？

多くの人は迷わずAの「上手くいくカード」を選ぶでしょう。人生が上手くいく確率は、Aのカードでは一〇〇％、Bは〇％です。これならば、当然、誰もが迷いなくAのカードを引くでしょう。

では、

「人生が、上手くいくかもしれない」と書かれたCのカード。

「人生が、上手くいかないかもしれない」と書かれたDのカード。

あなたならどちらを引きますか。

この場合、人生が上手くいく確率というのは、両者ともフィフティフィフティです。どちらのカードを選んだとしても、上手くいくもいかないもどちらも五〇％の確率でしかない。そうなると大半の人は「上手くいかないかもしれない」五〇％に引っぱられ、恐怖を感じ、どちらを選ぶこともできず、「上手くいくかもしれない」五〇％の可能性を〇にしてしまうのです。


「未来のことは、誰にもわからない」

まだ起きていない未来を信じることは、誰もが難しいと感じます。

未来に対して私たちが不安になるのは、未来に何が起こるのかが、わからないからです。昨日成功しても、明日上手くいくかどうかの確率なんていうのは、どんなときも誰にとっても、常にフィフティフィフティです。過去にどれだけ成功してきたのかも、次の成功のための根拠にはなってくれないのです。

どれほど凄腕《すごうで》のトップアスリートが、どれだけ成功を積み重ねようと、どんなに練習を積もうと、次の一回の成功は等しく保証されることはない。

それゆえ未来に対して不安になるのは、あなただけではないのです。

「不確かな未来に不安を抱く」

人間のマインドにはそのような働きをする仕組みがあるのです。

「これまで、ああだったから」

「昔、このやり方で失敗したから」

と過去にこだわり、過去を手放せない虫おんなの在り方です。

物事を近視眼的、つまり低い視点で捉えた場合、目の前に起きている問題は、大きな壁となり、越えられないように感じてしまいます。結局、チャレンジすることを恐れ、未来在りたい自分を手に入れることもできなくなる。

目の前にある問題を越えていこうとするときにはじめて、人間は自分のこれまで以上の力を発揮して、それを乗り越えようとします。心の視点が引き上がり、物事を高みから俯瞰《ふかん》して見ることができるようになるからです。

心の視点を引き上げるということで、巨大な壁はちっぽけな石ころに変化する。つまり、本人にとっての問題を問題だと感じなくなっていくのです。

「上手くいくかもしれない」と書かれたCのカードを選ぶ鳥おんなは、常に自分を信じてチャレンジし続けることができるので、その分多くのチャンスを手に入れます。

「上手くいくかもしれない」Cのカードも、「上手くいかないかもしれない」D

のカードも選ぶことのできない虫おんなは、自分の人生に一時停止ボタンを押してしまいます。やってみなければわからないことに対し、ワクワク楽しめず、ビクビク怯え、いつだって「やらない」を選びます。チャンスのカードでさえもピンチにすりかえてしまうのです。


結局のところ、人生において成功できる人間というのは、

「なぜだかわからないけれども、上手くいくような気がする」

「きっと問題を乗り越えられる気がする」

そんな根拠のない不確かな自信をもてる人なのです。

そうした心の在り方で、ほしい未来を掴みとっていく。

未来を摑む人とそうでない人の違いは、まだ見ぬ未来を根拠なく信じられる心の力があるかどうかにかかっているのです。

ＹＥＳな鳥おんな、ＮＯな虫おんな

かの有名なジョン・レノンはある日、オノ・ヨーコの個展を訪れました。そこで彼が目にしたのは、ギャラリーの中央に置いてある作品でした。それは、はしごを昇り、天井から吊《つ》り下がった虫めがねで覗くと、小さな文字で「ＹＥＳ」と描かれている、というもの。その「ＹＥＳ」の文字に惹《ひ》かれたジョンは、瞬時に彼女に恋をした——。

ジョンがヨーコに恋をしたのは、なぜでしょうか。
それは、細部に描かれた小さな「ＹＥＳ」にヨーコの心の在り方を感じ取ったからです。

肉眼では見えない、虫めがねで覗かなければ見えない小さな文字。そこには「YES」とある。目に見えない世界、すなわち無意識においてさえも「YES」を言える心の在り方に、彼は強烈に惹かれた。すべてを肯定できる「意志の力」をそこに見たのかもしれません。

まだ見えていない未来、目に見えないモノにも、無条件に「YES」と言える心の在り方を、ジョンはそのひとつの作品から感じ取ったのだと思います。

人生において、この先起こる未来に対しても「YES」と言える。

ヨーコがそんな女性だから、瞬時に恋をしたのでしょう。

別の意味でジョン自身、人生に「YES」と言い続けることの難しさを感じていたのかもしれません。誰もが求めてやまない「自分を肯定したい」「人生を肯定したい」そんな強さと眩《まばゆ》さを、彼女が描いた「YES」の文字に感じたのだと思います。ジョンが潜在的に求めてやまなかったものが、そこには描かれていたのです。

それゆえジョンにとって、ヨーコは生涯を共にする運命の人となったのです。現在、過去、未来に対して、無条件に「ＹＥＳ」を言う、自分を信じる勇気をもつ女。ヨーコの心の在り方は、ＹＥＳな鳥おんなそのものです。

ＹＥＳな鳥おんなは、どんなときも人生に「ＹＥＳ」と言う。

ＹＥＳな鳥おんなが、何事に対してもＹＥＳと言えるのは、「今の自分が、どう在りたいか」が判断基準だからです。

多くの人は、「これまで、どうだったか」という過去の経験を基準にして、やみくもに「無理だ」「ＮＯ」と言ってしまいます。

けれど、鳥おんなは、ＮＯと言うことで、未来は閉ざされ、そこに自分の限界の壁をつくることになると知っているのです。

できるかどうかわからない未来に対して、考えもなくＮＯと言う虫おんなは、せっかくの限界を超えるチャンスがやってきても、過去と照らし合わせ検討するのです。過去できなかったから今回もできない。そうすることで、上手くいかない確率ばかりが上がり、できない理由は増え続けていきます。

私たちは長年の教育のなかで、「できることをやりなさい」「できるまでやりなさい」と「できること」を追い求めるように言われてきました。だから、「できないこと」への恐怖心が強烈に心に根付いているのです。

けれど、自分のできないことを知るということは、「ひとつ、問題解決に至る道が見えた」「成功に一歩近づいた」と言えるのです。

今できていないことは、未来への課題です。この先の未来できるようにすればいいだけの話なのです。できない理由をわざわざ見つけてNOと言うことは、無意識に「変わりたくない」「このままでいい」と思っているからです。NOと言い続ける人生は、自分の未来を否定する生き方となります。

「できないこと＝失敗」では決してありません。できないことを失敗だと捉えてしまえば、永久に失敗を恐れる人生が続いていきます。

空を飛ぶことができず、地面を這いつくばる虫おんなたちにとっては、壁は越えられないほど高くそびえたっているように感じられます。壁を見つけては「できない」「また失敗した」と思ってしまう。

一方、空を自由に飛び回れる鳥おんなは、心の視点を上げ、高い壁も悠々と乗り越えていきます。そして、自分の未来に対して、「ＹＥＳ」と言い続ける在り方を貫くのです。

美しく生きることとは、現在の自分に、過去の自分に、そして、未来の自分に「ＹＥＳ」と言い続けられることなのかもしれません。

「完璧でなければいけない」
「できないことはよくないこと」
「間違ってはいけない」

そんなふうに多くの人は思っているけれど、間違ったっていいし、できなくたっていい。どれほど完璧に生きたとしても、幸せになれるとは限らないのだから。

幸せな人生を送りたいのであれば、間違うことや完璧でないことを楽しむくらいの生き方に変えてみたらいい。

道を外れること、それは人生から脱落することではなくて、冒険すること。

そう捉えてみる。

そのためのチャレンジは、この先のあなたの世界を、必ずや豊かなものにしてくれるのだから。

やせられる鳥おんな、太ったままの虫おんな

「やせたいのに、やせられない」
「太りたくないのに、食べている」
「ダイエットしているのに、太ったままでいる」

世の中にはびこる太ったままの虫おんなは、ダイエットし続けることが人生の目的でもあるかのように、手当たり次第に「新○○ダイエット」というものに飛びつきます。
少しばかりの興味でたわむれている程度ならいいのですが、多額のお金を投資したあげく「こんなの効かないわよ」「やったって無駄だわ」と、何の罪もない

ダイエット法をカタキのように攻撃します。

世の中にあるダイエット法には、一理あるものだってあるのです。それを自分の人生に上手くとりいれることができないのは、本人の心の問題です。まるで効かないダイエット法を探すことが趣味であるかのような虫おんなは、やみくもに効かないダイエットの知識を詰め込んでいくだけです。それゆえ、何度も失敗を繰り返すのです。

新たなダイエットに取り組む前の段階から「効かない」「どうせ失敗する」が前提となるので、効果を半減させてしまうのです。

ダイエットというものは、やせるための行為です。

やせられない自分への言い訳のための行為ではないのです。

虫おんなにとっての最大の問題は、そうした太り続けるマインドの法則に気づけずにいることです。

やせられる鳥おんなのダイエットにおいては、「太る」という概念がそもそもありません。たまたま少し体重が増えたとしても、それはいっときのことだと問題視することがないのです。それは彼女らのマインドにダイエットで「失敗する」という概念自体が存在していないから。やせられる鳥おんなのように、太りようのないマインドを創り上げることは、誰にでもできます。

太り続けるマインドをもつ虫おんなたちは、「太っている現象」よりもむしろ、「やせられる自分を信じられていないマインド」をもっていることのほうが問題なのです。

重ね重ねダイエットに失敗してきたという挫折感が、虫おんなのマインドを「太る＝食べること＝罪悪感」という公式へと誘います。

「太りたくない＝食べてはいけない」とどこかで思いながらも、おなかがすけば食べてしまう毎日。食べれば食べるほど罪悪感はつのる一方です。まるで抜け道のない蟻地獄に落ち込んでいくかのようです。

食べることでは決して満たされない。それはある意味、「心の病み」です。

本当は心に闇があることが問題なのに、その闇と向き合わず、虫おんなは太っていることを問題にすりかえています。食べることで心の闇を埋めようとするけれど、食べることで生まれてくるのは罪悪感です。食べないことでその罪悪感から逃れようとまたダイエットを始める。やせることではなくダイエットをし続けることで、その罪悪感を打ち消そうとしているのです。

「食べること」は、人間の本能に直結しています。それゆえ、非常に根深い心の闇と結びついていることが多いのが現状です。

太った、やせたと明るく笑えるうちはよいのですが、闇が深くなった虫おんなの場合においては、非常にやっかいです。

たとえば、幼少期に自分の母親がダイエットの蟻地獄にはまっていた摂食障害の女性がいるとします。その女性は、「食べることはよくないこと」という概念をもち続けて大人になります。やがて、食べても食べても満たされることはなくなる。食べたことへの罪悪感から、自分の胃のなかに入れたものが無性に、いたたまれない異物に感じられて、それらすべてを吐き出してしまう……。

本当はおいしいものをおいしいと思って食べたいのに、食べる自分を認めることができない。何を食べてもおいしいと感じられないマインドができあがってしまっているのです。

こうなってくると、

「おなかがすいたから、食べる」

「キレイになりたいから、食べる」

「幸せになりたいから、食べる」

という概念はなかなか受け入れがたいものとなってしまいます。

ダイエットをする人は、実はそれぞれに深い心の問題を抱いている場合が多いのです。たとえば女子校時代に飛びぬけてスタイルがよかったために、友人から嫉妬されていじめにあっていた女の子がいたとしましょう。それが、太ったことにより嫉妬の視線がやわらぎ、人気者になった。そうすると彼女のマインドは「太ったままでいることによって、自分の存在は守られる」そんな無自覚な認識をもってしまうのです。

太ることによって手に入れたものの大きさが大きければ大きいほど、深い意識のなかで、それを手放すことを恐怖として認識します。やがて本人にとってはやせることが、嫌われることへとつながっていくのです。

結局のところ、太ったままの虫おんなには、自尊感情が欠如していることがほとんどなのです。心の闇に背を向けて、本当の自分をごまかすことを無自覚に選び続けることで、結果、太り続ける人生を歩む。それが虫おんなの在り方です。

気高い鳥おんな、
威張る虫おんな

言い訳だらけの人生をあなたは送りたいと思いますか？

気高い鳥おんなは、自分の行動に言い訳を残すことは決してありません。どんなときもベストな選択をするので、後悔するという概念が生まれないのです。

威張る虫おんなは、行動を起こす前から言い訳を考えているかのようにふるまいます。状況が悪くなると、常に自分以外の何かのせいにするのです。

たとえば、虫おんなが待ち合わせで遅刻をしたとしましょう。すると待たせた相手に謝る前に、「私だって大変だったんだから。遅れてイヤな気分になっているのはあなただけじゃないから」と言わんばかりにつべこべ言い訳をします。言い訳することで、無意識に自分を守っているのです。

気高い鳥おんなは、いつもベストを尽くしているので、自分がとった行動が原因でたとえよくない結果が生まれたとしても、潔く謝る勇気をもっています。どんなときもその状況から逃げることはありません。それは周囲には器の大きさとして映ります。結果、その人が何をしでかしたかということ自体、問題ではなくなり、その潔さは、人に感動すら与えるのです。

気高い鳥おんなは、人にどう思われるかよりも、自分の心の清廉潔白を重んじるのです。自分を偽ることが、自らを汚《けが》すことにつながることを心得ているのです。それゆえ、相手に対しても誠意をもって関わろうとします。

威張る虫おんなは、どこかでいつも逃げ腰でいるので、自分の力のなさがバレないようにと必死になります。「できないこと＝自らの器の小ささ」を認める勇気がないのです。問題が起こった際には、自分の存在をおびやかされないよう、それを他人に責任転嫁し、自分を守ることに精一杯になるのです。

この引き下がった視点は、傷つく自分を必死に守って、向かい来る恐怖に対して少しでも自分を大きく見せようとすることにつながります。

威張る虫おんなは、自分の器が小さいことや、できないことをどこかで知ってはいても、それを乗り越えたり、チャレンジしたり、進化したりする自分を何より信じられていないのです。


威張る虫おんなというのは、相手より自分を優位にもっていくことで、自らの存在価値をアピールします。他人に対して横柄になる虫おんなは、劣等感が強いがために、威張ることで自分を保とうとします。

気高い鳥おんなは、何もアピールしなくとも自分の存在価値は確かなものだと無意識にわかっているので、自分を大きく見せたりしません。常に真っ直《す》ぐに、対等に、相手に自分の意見や気持ちを伝えることができるのです。

武器をもたずとも、気高く勇ましい鳥おんなと、武器をもつことで虚勢をはり、威圧感を与えて相手に打ち勝とうとする悲しい虫おんな。

何ももたずとも勇ましく在れるのは、すべてを内にもっているから。すべてをもっているからこそ、何ももたずとも強く在れるのです。

その武器は、人を傷つけるためのものでもなく、相手を威嚇するものでもありません。本来、武器とは自分の身を守るためのものではなく、自分以外の誰かを守るためにあるのです。蟻んこのように小さい虫がいくら武器をふりまわしても、それは弱さゆえの虚栄にすぎず、自分のふがいなさや頼りなさを強調するだけです。大きすぎる武器は、自らの小ささを増幅する器の小ささの象徴。武器をもとうとするのは、自らの力を信じられていないからこそなのです。

あなたは誰かと競うために生きているのではありません。外側に身につけた鎧《よろい》や武器というものは、人生においては不自由な鉄のかたまりにしかすぎず、高い志をもって自ら闘う勇気のない者にとっては無用の産物なのです。

気高い鳥おんなは、他人を介さず自分自身がワクワクできる、心躍る感動や幸せを見いだし、新たなチャレンジをするために生きています。

そう感じられる心こそが、人生の武器となることを無意識に知っている。それゆえ、自らの内側にある心そのものを、人生の武器として活かすことができるのです。

根拠のない自信をもつ鳥おんな、根拠のある自信にすがる虫おんな

「自信がないんです」

虫おんなは言います。


「自信がないから、何をやっても上手くいかない」

そう言いたい気持ちは痛いほどわかります。

そんなとき私は、

「自信なんていらない。自信を創ろうとするから上手くいかない」

そう伝えています。


多くの人が思う自信というのは、過去においてこれまでの自分が創り出してき

た「根拠のある自信」をさしています。この先の未来を変えていきたければ、根拠のある自信を創ろうとせず、「根拠のない自信」を創り出すことが必要です。根拠とは、過去において築かれてきたもの。これからやってくる未来においては、根拠は創りようがないからです。

私はメンタルトレーニングにおいて、「自信には根拠があってはならない」と伝えるほどです。

私はプロゴルファーのメンタルトレーニングをしていたことがありますが、彼らは自信をなくしているとき、自分の次の一打が信じられなくなります。これは、どんなトップクラスのアスリートにもあてはまります。

過去に一万回パットを成功させていても、一万一回目で失敗するかもしれない。次の一打が信じられなければ、一万回成功した過去の実績など、何ら意味をもたない。過去の実績は、未来を保証する根拠になどなりようがないのです。

未来というのは、誰にもわかりません。たとえ一万回成功してきた人にとってもそれは同じです。どんな成功者においても、次の一打の行方はわからないのです。

不確かな未来に対して、根拠のある自信など何の役にも立たない。むしろ未来の自分を創るにあたり、邪魔なものにすらなるのです。

必要なのは、過去の実績ではなく、自分の未来を信じられる心。

未来における成功と失敗の確率はどんなときも二分の一。どちらに賭けても同じなら、常に成功するほうに賭ければいい。成功する根拠を「過去」ではなく、「未来」に設定する。「次の一打は絶対に成功する」そう信じられる心が、未来の成功をたぐりよせます。

根拠のない自信をもつ鳥おんなは、これからやってくる未来を信じられる、勇ましい女なのです。それは、彼女らの心が鋼のように強いからではありません。ただひたすらに自分の可能性を信じる勇ましさゆえです。

根拠のない自信をもつ鳥おんなが人生を謳歌《おうか》できるのは、この見えない未来を信じる勇気があるからです。

けれど、根拠のある自信にすがる虫おんなは、根拠ができるまでただひたすら待つので、自らチャンスの波に乗ることは決してありません。他人からどんなにそれがチャンスだと言われようとも、その波が来ると怖がり、一目散に逃げ惑います。

「根拠がない。だから自信がない」

根拠のある自信にすがる虫おんなは、そうして自分に言い訳をします。

虫おんなが未来の一歩を踏み出せず、過去に囚われ、うずくまるのは、鳥おんなのように未来を信じる勇気をもてていないからだけなのです。

根拠がなくてもチャンスの波を常に待ち、その波を乗りこなす鳥おんなたちは、ときに自らそのチャンスさえも生み出すことだってできるのです。

それゆえに、自由度の高い人生を手にすることができるのです。

想像する鳥おんな、妄想する虫おんな

「イマジネーションの限界が、人間の能力の限界である」

これは、なりたい自分を創り出すために、いつも私がクライアントに伝えていることです。

多くの人は、これまでやってきたことが今の自分を創り、今の自分が明日の自分を創り出すと考えがちです。時間とは、過去から現在に向かって一方向に流れてきていると思うからです。

けれど、一時間先の「未来」は、一時間経てば「現在」になります。そして、現在から一時間経てば、それは「過去」となります。実のところ、時間は過去から流れているのではなく、未来から流れているというイメージを瞬時に創ることは誰にでもできます。だからこそ、過去や現在に囚われるのではなく、未来在りたい自分を選んで、今の行動を決めればいい。変えられるのは未来だけである。人は、それを知りつつも、これまでの時間の概念にやみくもに囚われることで、未来を創り出せずにいるのです。

変えられるのは未来だけです。

過去の問題を今現実の世界にまで持ち込んではいませんか。

大切なのは、これから変えられる未来に意識を向けていくこと。

たとえば、次の二枚のカードに対してはどうでしょう。

「未来が変わるカード」

「未来が変わらないカード」

こう書かれたカードがあるとしたら、あなたはどちらを選びますか？

人生とは、目の前のカードのうち、どちらのカードを選ぶのかという選択をさせられているようなものです。

鳥おんなは、間違いなく最初のカード、「未来が変わるカード」を引きます。想像する鳥おんなは、常に未来の自分に期待をします。こんなことが起きたら楽しい、あんなことが起きたら凄《すご》いことになる。想像することで生まれてくる感情は、ポジティブな生まれたての感情です。

いつもワクワクドキドキする想像が次から次へと生み出されます。それが現実であるかどうかということは気にもしません。この先どうなりたいかという未来の青写真が、イメージの世界では強烈に焼き付いていくのです。

想像する鳥おんなは、まだ起きていないけれども実際に起きているかのように、未来を強烈にイマジネーションすることができます。それゆえ、今意識している現実を超え、常に未来を創造することになるのです。

未来はまだ起きていないので、イメージすることでしか創り出すことができません。逆に言えば、イメージすることができれば、それは現実化することができると言えるのです。

まだ起きていない未来の自分、明日の自分は、想像をすることなしにたぐりよせることはできないのです。

過去に囚われる虫おんなは、未来に目を向けることなく、過去の記憶の組み替えを楽しみます。そうすることで過去に逃げ込むというやっかいな妄想癖をもちます。妄想のなかでどんなに夢を描いたとしても、過去の自分、もしくは現在の自分以上のストーリーは生まれてきません。それは、過去に起こったことの記憶の組み合わせにすぎないからです。

どうなりたい、ああなりたいと言いながらも、結局はどうにもならない自分の現実や、これまでの過去と向き合うはめになる。結果的に、ネガティブな感情を生み出すことになりかねません。イメージなき妄想では、いくら妄想したとしても、丁寧に過去の自分の記憶をなぞるだけです。そうして「そんなこと自分にできるはずはない」と自分でその夢を打ち消してしまいます。妄想する虫おんなは、自らの限界を超えられず、新たな自分を引き寄せることができません。未来をシャットアウトし、過去の世界に引きこもるのです。

どちらも選ぶことができるのにもかかわらず、妄想する虫おんなは、「未来が変わるカード」を選べずに無駄に人生を過ごすことになるのです。

未来に意識を向けると、ワクワクする。

過去に意識を向けると、ドンヨリする。

あなたは、どちらを選びますか？

甘えない鳥おんな、甘えられる鳥おんな

「甘えられないんです。どうしたら甘えられるようになるのでしょうか」

恋愛事情は、それぞれに複雑です。

「甘えたいのに、甘えられない」

そんな恋愛の悩みに私は、こう答えます。

「甘えられないのであれば、無理に甘えようとしなければいい」

「甘え上手な女」は幸せになれる。そんな刷り込みを多くの人はもっています。

それゆえ、甘えられない女は、恋愛が上手くいかないのは「自分が甘え下手だからだ」と思ってしまうのです。

自分には「甘えるという力」が足りていない。そうした劣等感を抱いていることが何より幸せを遠ざけているのです。「甘えなければいけない」「甘えなければかわいくない」という強迫観念にかられ、大切な人の前で、「在りたい自分」と「在るべき自分」との葛藤に苦しんでいるだけです。

甘えない鳥おんなの代表格は、「ダチョウおんな」です。

ダチョウは、鳥でありながら、空を飛ぶことなく地上をかけずりまわります。かけずりまわればまわるほど飛ぶことを忘れ、すでに鳥としては信じがたいほどに頑丈でたくましい足をもっています。

そもそもダチョウは、空を飛ばなくても自らのその足で、行きたい場所へ悠々と、走って行くことができます。チーターにだって負けないくらいです。

そんなダチョウおんながふと足下を見ると、よちよち歩く「ひよこおんな」と遭遇します。ひよこおんなは、「どこかへ一緒に連れて行って」「私には無理なの」と言わんばかりに、ひよわな自分をアピールします。それが、か弱いひよこの在り方です。

ダチョウおんなはそんなひよこおんなを見て、「私だって甘えたいのに」と羨むのです。

けれど残念ながら、その巨大化した足をもって何をどう甘えたらよいのかさえもわからなくなってしまう。

ダチョウおんなはとほうにくれます。

「私の足は何でこんなにたくましくなってしまったのかしら」

「私はこの足でずっと走り続けて、いったいどこへ向かっているのかしら」

ダチョウおんながそんな想いにおちいるのは、「鳥なのに飛べていない」という在り方を受け止められずにいるからです。

ダチョウおんなが自分の足で走り回るのに対し、ひよこおんなは、大人になっても飛べないニワトリです。空を飛ぶ日は未来永劫やってこない。口を開ければエサを入れてもらえる無力なひよこは、大人になっても与えられた環境のなかで飼育され、毎朝卵を産み、エサに欠くことなく一生を終えます。

ひよこおんなにはひよこおんなの在り方があり、ダチョウおんなにはダチョウおんなの在り方があってもよいのです。

ダチョウの在り方は、羽をもちながらも空を飛べない鳥です。言い換えると、羽があっても飛べない、つまり女であっても、か弱くないという「女」の概念を無視した生き方をしているということです。どこかでその真実に気づいたときに「何で私は」といった感情が生み出されてしまうのです。

ダチョウおんなは、「私だってひよこおんなのように守られたい」。そんな想いにかられて地面をひたすらに見つめてしまうのです。いつしか空を見上げることもなく、自分が空を飛べないということをイヤイヤながらに受け入れて諦めるのです。

そうすることで羽はどんどん使わなくなり、その足はみるみるたくましくなる。

鍛えられたその巨大な足があれば、人に頼る必要もなくなります。甘える才能を磨かなくとも、たいがいのことは自力でできるようになる。

「甘える生き方」から「自立した生き方」にシフトすることで問題は問題でなくなっていくのです。

ダチョウおんなの立派なその足は、「甘える」には邪魔になるけれど、「自活」のためには、必要不可欠なものとなる。

「一人では生きられない」「あなたなしでは生きられない」そんな台詞《せりふ》をはかなくても、もう立派に生きられているのです。

世で活躍する自活する女性に多いのは、このダチョウおんなタイプ。

甘える女がかわいいのではないかとか、甘えられないから自分は一人なんだ、とダチョウおんなは思う。けれど、今の時代、女性から頼られたいと思う男性は案外少ないものです。むしろ、女性に頼りたい男性のほうが多いくらいです。共働きを求める男性や、家庭におさまる女性よりも、はつらつと外で活躍する妻を求める男性が増えています。

そもそも、恋愛が上手くいく鳥おんなは、自分が甘えたいときに甘えられるので、甘えられるかどうかで悩んだりはしないのです。

問題なのは、甘えずに生きるということを、ダチョウおんなが自らの意志で選んだという自覚がないことです。

男性に甘えなくたって、その足で生きていけるのだから、それでいいのです。ダチョウおんなは自分の足でしっかりと立てているのだから、逆に男性を甘えさせることだって、幸せにすることだってできるのです。

甘えられる女が幸せな女、という風潮がどこかで残っているけれども、もうとっくに女性が男性を幸せにしてもいい時代です。

果たして男性に幸せにしてもらうことを待つ女性が、どれほど幸せになっているのでしょうか。女を幸せにしてくれる男性というのは、実のところ、絶滅寸前の危機に瀕《ひん》しているという事実に一刻も早く気づくことです。

どんなに時代が変わっても、生き方は選べます。

美しく地上に舞い降り、美しく羽ばたく美学の持ち主、白鳥おんな。

渡り鳥である白鳥おんなは、遥か遠くの理想の地を求めて越冬します。たとえたった一人になったとしても、自らの意志で身に起こるすべてを受け入れ、気高く飛んでいきます。

人々のイマジネーションの世界にしか存在しない、地上から遥か彼方の高次元に引き上げられた心の視点の持ち主、不死鳥おんな。

不死鳥とは、現実の世界には存在していない、伝説の鳥。誰もがそう在りたいと憧れても想像することでしか出合うことのできない鳥の在り方です。

鳥が様々な在り方をするように、激動する時代のなかで、人間として、女として、あなたの在り方を自ら選べばよいのです。そうした生き方が今まさに問われているのです。

郵便はがき

料金受取人払郵便

新宿北局承認

6456

差出有効期間
平成27年4月
30日まで
切手を貼らずに
お出しください。

169-8790

154

東京都新宿区
高田馬場2-16-11
高田馬場216ビル5F

サンマーク出版愛読者係行

ご住所	〒 都道府県	
フリガナ		☎
お名前		(　　)
電子メールアドレス		

ご記入されたご住所、お名前、メールアドレスなどは企画の参考、企画用アンケートの依頼、および商品情報の案内の目的にのみ使用するもので、他の目的では使用いたしません。
尚、下記をご希望の方には無料で郵送いたしますので、□欄に✓印を記入し投函して下さい。
□サンマーク出版発行図書目録

ご購読ありがとうございます。今後の出版物の参考とさせていただきますので、下記のアンケートにお答えください。抽選で毎月10名の方に図書カード（1000円分）をお送りします。なお、ご記入いただいた個人情報以外のデータは編集資料の他、広告に使用させていただく場合がございます。

1 お買い求めいただいた本の名。

2 本書をお読みになった感想。

3 今後、サンマーク出版で出してほしい本。

4 最近お買い求めになった書籍のタイトルは?

5 お買い求めになった書店名。

市・区・郡　　　　町・村　　　　書店

6 本書をお買い求めになった動機は?

・書店で見て　　・人にすすめられて
・新聞広告を見て（朝日・読売・毎日・日経・その他＝　　　）
・雑誌広告を見て（掲載誌＝　　　）
・その他（　　　）

7 下記、ご記入お願いします。

ご職業	1 会社員（業種　　）2 自営業（業種　　） 3 公務員（職種　　）4 学生（中・高・高専・大・専門・院） 5 主婦　　6 その他（　　）		
性別	男・女	年齢	歳

断らない鳥おんな、断れない虫おんな

「誘われると、断れない」

「ついつい受け入れてしまい、なかなか断れないんです」

「断れない」という悩みの本質は、「断れないこと」にあるのではありません。「断らない」という決断を自らしていないことが、何よりの問題なのです。

断れないということは、相手に気をつかうあまり、「断りたい」という自分の意志を伝えられていないということです。

つまり、断れない人というのは、実は断らないという決断を無意識にしているにもかかわらず、相手のせいで断れないと思っているのです。

「相手に合わせたせいで、ああなってしまった」
「断らずに誘いに乗ったから、こうなってしまっている」
「望んでいないのに、○○している」
というネガティブな心の在り方が、被害者意識を生み出してしまうのです。

断れない虫おんなは、自分は断れないのではなく、自ら「断らない」という決断をしたのだと捉えればよいのです。

自らの意志で決めたことであれば、その先何が起きようとも、好きでやったこと、自分がその選択をしたのだという自覚がもてます。どんな結果であれ、その現実を受け入れることができるのです。

断れない虫おんなは、何か問題が起こったときに、これは自分が選んだことではないから、と言い訳をします。そうして、責任が生じることを無意識に避けようとするのです。それは自分で選んだことで、悲惨な結果になってしまうとすれば、自分のふがいなさがあらわになってしまうからです。

「自分は断れない人間なんです」

虫おんなはそう言い続けることで、「断らない」という意志決定を避け、責任を逃れ続けるのです。


そんな断らない心の裏には、断ることで「相手に嫌われたくない」だから「相手を否定したくない」「相手を受け入れなければいけない」といった心理が働いているのです。


「断ったら、もう誘ってもらえない」

「好きでいてほしい。好かれたい」

そう思い、イイ人であることを必死になって保ち続ける人が多いのです。

断らないことで手に入れたいのは、イイ人であるという評価です。そこには受け入れてもらおうと必死で、不安な自分がいるのです。

断らないことで守っているのは自分自身です。

たとえ断ったとしても、相手にさほど痛手はありません。

断ることを避けるのは、

「何か大きなものを失う」

という恐怖心に負けてしまうからです。

断らないことでダメージを受けるのは、本人のほうなのです。


つまり、断れない虫おんなというのは、断っても断らなくても悩むのです。

とにかく自分で決め、それを誰かに委ねないこと。断れないのであれば、「断らないという決断」を自らすればよいのです。

たわむれる鳥おんな、吸いつく虫おんな

自由と不安定は表裏一体です。

自由を欲すれば、不安定を自ら受け入れる必要があるのです。

自由に空を舞う鳥おんなたちは、非常に不安定な在り方です。自由を謳歌して、たわむれる鳥おんなたちは、その不安定さゆえの自由を尊い価値として生きるのです。

「たわむれる」ということは、遊びがあるということ。遊びという余裕があるから人生を自分のペースで謳歌できるのです。それゆえ、相手の人生に対してもゆとりをもって受け入れていくことができ、他人の人生とも優雅に関われるのです。

たわむれるというのは、互いが自由であることを認めているということです。

互いの適切な距離感を保って、互いが自由に飛び回る時間を共有することができるので、互いを尊重し合い、大切にするのです。

吸いつき合って安定を生み出そうとする虫おんなは、互いの自由を認めません。ひっつき合うことで、はじめてお互いの存在価値を見いだします。

それゆえ、吸いつく虫おんなは、二四時間一緒にいること、すべて一緒の時間を過ごすことが重要であると捉えます。それこそが愛なのだと認識し、相手の自由を蝕《むしば》むのです。それはまるで、寄生虫のような在り方。

寄生虫は、相手に寄生することで人生が成り立っているので、そもそも単体で生きること自体が難しい不安定な存在です。自分が生きながらえるために必死なので、相手から奪うことを余儀なくされているのです。寄りかかることでその命を維持しているので、吸いついた先が誰であるか、何であるかということは気にしません。

一人で行動することを極端に恐れる虫おんなは、相手の時間を蝕むのです。まるで自分のために相手が存在するかのような錯覚を起こし、相手の成長も阻む寄生虫になりかねません。

もっと悲惨なのは、寄生虫どころか、自らが害虫であるということに気づかずにいることです。

黒蟻と白蟻の違いはあるのでしょうか？　白蟻にしてみたら、自分は黒蟻と同じように必死に働いて生きているだけなのかもしれません。それなのに、ある日突然殺虫剤をまかれて、お前は害虫だと言われても納得がいきません。

大きな意味では、すべては共存しています。生態系で考えれば、害虫や寄生虫だって何かに関与し、もちつもたれつの暮らしをしていると言えるのです。見方を変えれば、たとえ害虫だとしても誰かにとっては必要な存在なのです。

プランクトンが自然界にいなければバランスが崩れてしまうのと同じように、実は人間界も、そうした存在がいないと成り立たないこともある。たとえば、DVの虫おとことつきあい続ける虫おんながいるのも、実は互いにひき合っているからなのです。

それぞれにそれぞれの生き方や事情があるのです。たとえば鳥おんなが、沼地で生きる虫おんなを、気持ちのいい陽だまりに連れて行ったとしても、その虫おんなはひからびて死んでしまうかもしれない。これこそ大迷惑。

「そんなこと頼んでいないわ」と虫おんなは拒むでしょう。

どこでどう生きるかは、誰に決められるものでもありません。けれど、心の視点を引き上げていくことで、その行為は美しいのか、醜いのか、そこに美学はあるのかないのか、自らの意志で決めることができます。

水のなかにもぐることも、穴ぐらのなかで暮らすことも、ジメジメした沼地で暮らすことも、風通しのいい光り輝く丘の上で生きることも、すべてあなたの心が決めることです。すべて、あなたが選んでいいのです。

「不安定であっても、自由な人生」
「安定はしていても、不自由な人生」

あなたはどちらの人生に、価値を見いだしますか？

逆境に微笑む鳥おんな、逆境を嘆く虫おんな

ドラマの視聴率が上がるシーンというのは、主人公が逆境にあるときです。人生は上手くいっていないときほど、他人の目線から見れば、ドラマチックで感動的だからです。

現実の人生においても同じです。「逆境であればあるほどおもしろい」とどんな状況下でも微笑《ほほえ》むのが鳥おんなの在り方です。起きてしまった現実を達観できる、引き上がった心の視点があれば、自らの人生を誰もが笑えるようになれるのです。

私はメンタルトレーニングにおいて、心の視点を引き上げるのに非常に効果的

な、「マイカメラ」という手法を用いています。

これは、自分の人生をまるで映画やドラマのワンシーンのようにカメラにおさめ、スクリーンに映し出すかのように客観的に捉える方法です。自分がおかれている状況や場面を「他人事」のように捉える視点を創るためのメソッドです。

たとえば、上司に怒られた自分をカメラに映し出します。表面上は謝ってはいるけれど、心のなかでは悔しいという気持ちでいっぱい。そのときの自分の表情を映し出すカメラを一カメとします。そして怒りくるう上司の表情を捉える二カメ。呼び出された会議室を俯瞰して映す三カメ。

カメラはまわり続け、自らがおかれた状況を、自分自身の達観した視点で捉えていきます。心に映し出された映像は自分のことでありながら、どこか他人事のように思えてくるのです。この感覚に慣れていくと、揺れ動く感情を俯瞰できる、引き上げられた心の視点が創り出されていきます。

心の視点が引き上がっている鳥おんなは、いつも自分を俯瞰して見ることができるので、別の誰かが自分の行動を実況中継するかのように、人生を楽しみます。「人生は他人事」実はこう思えるのは、最強の心理状況なのです。

何があっても他人事。何があっても大丈夫だと思えるのは、揺れ動く感情を達観できる、高い心の視点があるからです。それゆえ鳥おんなは、自らを笑えるのです。たとえ逆境が来ようとも、鳥おんなは微笑むのです。

逆に心の視点が引き下がれば、人生を笑うどころか、感情のうずに呑みこまれてしまいます。常に一喜一憂し、起こりうる現実にビクビクしながら、次に何が起こるのか、自分がどうなるのかわからないという恐怖心でいっぱいになる。まるで嵐の海に乗り出した難破船のようです。

ちっぽけな自分にはどうにもできない人生と立ち向かう虫おんなにとって、逆境は避けなければいけないものになります。

どうにもこうにも逆境から逃れたい虫おんなは、結果的にいつも逆境に泣かされるのです。自分の身にふりかかった逆境が、越えられない大きな壁だと思ってしまい、あたふたと立ち回ることしかできません。

逆境を嘆く虫おんなは、自らの人生を放棄するかのように、現状を見つめる勇気すらもてない女です。心の視点が低いので、辛《つら》すぎる状況を客観視することはできません。他人事ではなく自分事で受け入れるしかなくなり、別の捉え方などとうていできるはずもありません。

まんまと感情の波に呑みこまれ、流されて、水没します。これでは、人生がイヤになるのも当然です。濁流に呑まれ、泣き叫んでも、残念ながら誰も助けてはくれません。

そんな虫おんなに、鳥おんなは言います。

「逆境のときこそ微笑んだらいい――。今よりもっと幸せに近づく瞬間なのだから……」

カッコつける鳥おとこ、気取る虫おとこ

これまでの人生で最高にあなたを幸せにしてくれた、誕生日プレゼントは何でしょうか?

大切な人の誕生日をどう祝うのか、そこには相手の心が見えます。

そして、二人の未来の行方をも暗に示しているのです。


Aさんの彼氏は、貧乏な鳥おとこでした。

彼は、まだ若くて売れない小説家。志は高くとも、なかなか現実の評価につながらず、文学賞では落選続き。家賃を払うのが精一杯な彼は、光熱費もままならず水道や電気を止められてしまうような生活を送っていました。

Ａさんの誕生日の当日、「プレゼントを買いに行こう」とＡさんを連れ出しました。誕生日は特別だといわんばかりに、いつもは小銭しか入っていない彼の財布には、その日は何と一万円札が二枚。「好きなの選んでいいよ」とずらっと並んだアクセサリーのショーケースを指差しました。

「でも……」と遠慮するＡさんに、「特別な日なんだから。今日は俺にとっても特別な日なんだよ」。それでもＡさんは、彼に無理をさせることはできないと、「これが気に入ったわ」とあえて数千円のピアスを選びました。

すると彼は、「それ？　こっちのがキレイだよ」とダイヤ入りピアスを取り出し、「君にはこれが似合っている」と全財産かけた自分にできる最高のプレゼントを彼女に贈ったのです。

一方、Ｂさんの彼氏は、リッチな虫おとこでした。

彼は、若くして成功したＩＴ社長。ほしいものは一通り手にしてきた、誰もが羨むスマートな人生を歩んできました。

彼女の誕生日も、豪華ディナーから始まります。「これで女性は喜ぶ」という非の打ち所のない誕生日祝いのマニュアルを創り上げています。それにのっとって、幸せな時間を演出します。ディナーの後はドライブへ。彼女の座る助手席のシートにはバラの花束。夜景の見える丘でロマンチックなプレゼント攻撃。

「僕が君を幸せにしてあげる」

甘いキスと完璧な祝福の時間。誰もがとろける最高のプレゼントを贈ります。

鳥おとこは、カッコつける。

虫おとこは、気取る。

誕生日とは誰のための時間なのでしょうか？

Aさんの彼氏の貧乏な鳥おとこが贈ったのは、至上最高の、限界値ギリギリの心動かすプレゼントです。現在の自分にできる以上の何かを与えたいという在り方が、Aさんにとっての目に見えない喜びとなります。

まだ発展途上のカッコよくない自分であっても、限界値ギリギリの最高の価値をプレゼントすることで、彼女の明日の幸せにつなげていく。それは、目には見えないけれど、物理的なピアスそのもの以上の、プラスアルファの贈り物となるのです。

カッコつけるというのは、カッコいい自分を思い描き、目指すべき自分に近づこうとする行為です。「こう在りたい」という自分でいつも行動する。まだ今は「在りたい自分」にはなれていないけれども、そうなりたいと成長し続けるのが、カッコつけるという在り方です。

背伸びをしてでも二万円のプレゼントを贈った鳥おとこは、彼女に似合うベストなものをプレゼントしたかった。それを身につける未来の彼女を思い描いているから、現状の自分の価値を彼女に押し付けることなく、彼女の未来にふさわしいプレゼントを贈る。そこに二人の未来のビジョンが生まれるのです。

カッコつけることで、未来のカッコいい自分自身を創り上げていく。現状に呑まれることなく現実を塗り替えていく。「未来、こう在りたい」という意志の力がそこにはあるのです。

Bさんの彼氏のリッチな虫おとこは、自分が過去にやってきたことの統計から生み出されたマニュアルを、今回も演じただけです。それが目の前の人の喜びになっているのかどうかではなく、自らが創り上げてきた「こうすれば女は喜ぶだろう」という想定内の価値観を無自覚に相手に押し付けているのです。

自分は相手を幸せにできているのかなどとはみじんも疑わない。そんな自分にひたすら酔い続ける。相手の心を感じることはないのです。相手がそれを受け入れてくれなかったり、喜ばなかったりでもしたら、自分の完璧なマニュアルからはみ出た相手にすぐさまいらだちを感じるでしょう。自分を否定されたと感じ逆襲にさえ出ます。まるで完璧な自分を認めてもらうために、相手が存在しているかのように。

自分の創り上げたマニュアル通りに誕生日を祝った虫おとこは、自己満足のプレゼントを贈ったにすぎません。そのプレゼントは、彼女を喜ばせるためのものではなく、自分の心を満たすためのものにしかすぎない。それゆえ、そこには二人の未来はないのです。

鳥おとこは、自分に対してカッコつける。
虫おとこは、他人に対して気取る。

カッコつける鳥おとこは、信念という美学が根底にあります。まだ実際には実現できていないけれども、カッコつけることによって実現される未来の自分を信じる勇気。カッコつけるたびに、その勇気は溢れ出します。こう在りたいと願う生き方を、未来において実現できるのは、まだ「できていない自分」を未来「できる自分」へと塗り替えていけるから。そこには根拠なく信じ続ける勇気があるのです。

カッコつける鳥おとこは、なりたい姿で現実の世界を生きることになります。

その結果、自分がどう生きるかを選択していく力を身につけ、進化し続けます。カッコつけるのは、現状キープではなく、理想に近づこうと、それを飛び越えていく潔さをもつ、気高い鳥おとこの姿なのです。

カッコつける鳥おとこは、「できるかどうかではなくて、こう在りたい」という目標設定に目を向けているのです。美意識を高く掲げ、それに到達したいという強烈な想いがあるのです。それゆえ、目標に到達するために「カッコつける」という行為に及ぶのです。カッコつけられる人間だからこそ、カッコよさを手に入れることができるのです。

他人に対して気取る虫おとこは、他人から見下されることを極端に避けたがります。根底にあるのは自己否定の感情なのです。それゆえ、ない袖をふろうとし、自分を偽り大きく見せる。見栄をはって、相手に認めさせたいという自分の器の小ささを強調することになるのです。

自分ではなく、人から見てカッコいいかどうかを気にするだけの虫おとこは、未来の自分に目を向けることなく、これまでの自分や現状のカッコ悪さをごまかし、気取ることで、少しでもよく見せようとしているだけです。結果、人から見てもカッコ悪く映るのです。

ここまでになりたいという理想はあるけれど、そこに突き進む勇気はない。ただ、とりつくろって気取る。これが、現状キープの虫おとこです。

世の中では、気取る人間はカッコ悪く映り、カッコつける人間はカッコよく映ります。カッコいいかカッコ悪いかの判断基準は、意識のベクトルが上を向いて至上最高を追い求めているのか、それとも現状キープなのかどうかなのです。

「あなたは、どちらを選びますか？」

心の視点を引き上げて、あなたが未来一流の男を見抜く選択眼を養うときがやってきました。大事な自分の人生を、男性に委ねる時代はもう終わりを告げました。

恋愛の悩みの多くは、男性に依存し、幸せにしてもらおうという気持ちがもたらすものが多いのです。

人は目の前にいる相手が「自分に何をしてくれたのか」で判断しがちです。けれど、この先の人生において重要なのは、「相手が何をしてくれるか」ではなく、「あなたが何を感じていけるのか」ということです。あなたを本当の意味で幸せにしてくれるのは「相手の存在」ではなく、実のところあなた自身の「心の在り方」なのです。

昨日まで大好きだった彼が、明日もあなたを幸せにしてくれるとは限らないのです。大切なのは、何が起ころうとも、あなたの心が幸せを感じられているのか。ただそれだけなのです。それゆえ、目の前のその人を信じられているかどうかの前に、自らの心を信じられているのかのほうが、よほど重要なのです。

あなたは選べます。

至上最高を追い求める、カッコつける鳥おとこ。

現状キープの虫おとこ。


どちらの男性に未来を感じますか？


「あなたが誰といたいのか」

それを決められる心を創ること。

それこそが、幸せな女への近道となるのです。

在るがままに生きる鳥おんな、真面目に生きる虫おんな

「真面目に生きれば、人生は上手くいく」

そう思い込んでいる人は、いまだ多いのです。
果たして、真面目さと幸せは、どの程度比例しているのでしょうか。

在るがままに生きることができる鳥おんなは、自分を貫く潔さをもっています。
自分がどこに行きたくて、何をしたくて、誰と会いたいのか、すべて思うがままに行動を選択していきます。

「我がままは、よくないこと」

「我がままを、言ってはいけない」

そう思う人は非常に多い。それゆえ、自分を抑え込んで、自分以外の誰かの判断基準で生きるはめになるのです。

「我がまま」とは、はた迷惑で自分勝手な在り方であるかのように言われているけれど、本当にそうでしょうか。

解釈を変えれば、「我がままである」とは、「在るがまま」「素のまま」という心の在り方を意味しているのです。

我がままとは、「在るがままであること」であり、「真っ直ぐに、自分に正直に生きる」、素直で純粋性の高い心の在り方です。

在るがままの選択をし、いつも自分に正直に生きる姿は、たとえ我がままだと言われようと、そこには凛《りん》とした美しさが宿るのです。在るがままの鳥おんなの生き方は、人に迷惑をかけている生き方とは違うのです。

真面目であるということは、制約のなかでいつも自分に限界をつくることです。

「真面目に生きることを選んできたのに……」

「……こんなはずじゃなかった」

そんな人生です。

「ああしたい、こうしたい」と思っていても、真面目に、地上で生きる。飛ぶことのできない、まさに地面に這いつくばる虫の生き方です。

働き蟻は毎日エサを運び続けますが、それがどこに向かっているのか、何のためなのかということを考えてはいません。来る日も来る日もただ働いているだけなのです。ただひたすらに列からはみ出ないように、雨の日も風の日も、その道をたどり、どんな障害物があろうとも必死に運び続ける、働き蟻の生き方、それが真面目に生きる虫おんなの在り方です。

働き蟻は真面目に生きて報われるのかどうかなど気にもしたことがないので、その不自由さに慣れ親しんでいます。鎖でつながれたわけではないのに、その道をたどることを運命だと受け入れて生きる。まさか自分が大空を飛べるなどと思うはずもなく、変化や進化を拒み、虫であり続けようとするのです。

私たちは「真面目に生きなさい」そう教育されてきました。それゆえ、不真面目に生きることを極端に恐れる傾向があるのです。

真面目な人は、冒険することやはみ出ることが怖いのです。はみ出ることで自分の人生が台無しになると思っています。ルールや規則のなかに自分をおさめることで安心していて、変化を拒みます。このなかにいさえすれば自分は安心で安全だ。そう信じて生きてきたのです。

けれど、真面目に生きることや、変わらないこと、信じてきたフレームのなかで生き続けることが、もはや不可能な時代が到来しています。

自らの意志でそのフレームを超え、成しとげたい夢を抱き、現実にする力が必要なのです。誰かのせいにしたり、社会のせいにしたり、そんな時間はもうどこにも残されてはいません。

ほしいこと、やりたいことを選択することができる、在るがままの鳥おんなに対し、しなければならないことを優先させてしまうのが、真面目な虫おんななのです。

けれど、しなければいけないことをこの先もやみくもにやり続けるという真面目さが、誰の役に立つというのでしょうか。真面目に生きることで、いったい誰が幸せになるのでしょうか。

真面目さは、幸せへと続いているわけでは決してないのです。

真面目に働く働き蟻が、それを教えてくれてはいないでしょうか。

在るがまま自由に生きているかのように見える鳥おんなは、自ら摑みたいものを摑み、そして行きたい場所で会いたい人に会い、人生を謳歌します。

それは人に迷惑をかける生き方ではなく、優雅で気高い生き方なのです。

恋に愛される鳥おんな、
恋に逃げられる虫おんな

「恋をすると女はキレイになる」

人は恋をすると、心の視点が引き上がるからです。
自分を超えて、自分以外の誰かを大切に想うようになります。
それゆえ、自らの心の視点は自ずと引き上がるのです。
恋は頭でするものではなく、感情でするものです。

自分、そして相手の見えない感情にフォーカスしていく恋愛というのは、心の視点を引き上げる絶好のトレーニングとなるのです。

恋をすることで心の視点が引き上がるのが、鳥おんな。

恋をすることで心の視点が引き下がるのが、虫おんな。


虫おんなは、目に見えるものやカタチあるものばかりに反応します。

それゆえ、つきあっている相手の顔や姿形、プレゼントなど、目に見えるカタチあるものをしきりに気にするのです。

その結果、メールや電話が来ないことばかりに意識が向き、「してもらえないこと探し」を始めるのです。そして、「してくれないのは、私を愛していない証《あかし》だ」と言わんばかりに勝手に悲壮感をただよわせ、嫉妬の亡者と化すのです。


「私をかまって」

「私だけを愛して」

虫おんなはいつも相手が、「自分に何をしてくれるのか」ということに囚われます。自分の幸せの鍵を相手に預けてしまうのです。いつも相手次第の不安定な恋となり、抱えている不安は消えることはありません。それゆえ、心が満たされる恋愛には到達できず、苦しむのです。

恋のときめきを楽しんでいるうちはいいけれど、彼が誰かに奪われるかもしれない、また振られるかもしれないと一喜一憂しながら日々を送る。そんな毎日に疲れ果て、いつしか恋に逃げられる……。

そんな恋に逃げられる虫おんなは、嫉妬の苦しみに呑みこまれては、わらにもすがる思いで相手にしがみつきます。心の視点は引き下がり、その手を放せば自分は濁流に呑みこまれてしまう。だから必死にしがみつくのです。そして、振り落とされないようにさらに強く、相手の腕を摑むのです。

そうなれば、もはや彼にとっては寄生虫のような存在となります。

恋に愛される鳥おんなは、相手の存在を通して、見えないモノを感じ取っていこうとします。

相手と自分の間にある、目に見えない絆《きずな》や価値を創り上げようとしていくのです。そこに生まれてくる感情は、相手の存在に対する感謝や愛《いと》しさです。相手を通して世界を、そして自分をも見つめ直すのです。

鳥おんなは、相手に幸せにしてもらおうとか、相手を試そうと思うことはありません。それゆえ、相手の携帯を見たり、詮索をしようとはしません。そうした行いは美学に反し、自分を汚す行為だからです。

愛が終わるときでさえ、いかにカッコよく愛を終わらせるか。自らの意志ですべてを受け入れます。

恋に愛される鳥おんなは無条件で相手を赦《ゆる》すことができるのです。自らの愛を押し付けること自体がエゴ（自我）であることをわかっているのです。それは、自分を汚すことになる。それゆえ、カッコよく振られることすら、自らの美学とするのが鳥おんなの在り方なのです。

相手に振られて、意気消沈して落ち込むのは仕方のないこと。けれどそんなときにも、落とされた闇のなかから、自分を突き落としたその相手にさえ光を与えることが「慈悲」です。自分を傷つけた相手さえも赦せる心があれば無敵です。真に人を愛する力は、自らの心をも愛で満たしてくれるのです。

物理次元に生きる以上、どんなに愛していても自分が望む以外のことが起きることだってあります。それは致し方ないことです。

そんなとき、相手に感情をぶつけたり、傷つけたりしようとするのか。それとも心の視点を高く引き上げて、相手の想いも、二人の未来も客観的に感じようとするのか。それは、あなたが選ぶことです。

恋に愛される鳥おんなは、その相手と過ごす時間のなかで、何を感じられているかを大切にして生きる。

それこそが、恋に祝福される、鳥おんなの心の在り方なのです。

赦す鳥おんな、憎む虫おんな

現実に起きている問題の本質というのは実は、本人の気づいていない別の何かだったりすることが往々にしてあります。

私のメンタルルームを訪れた五〇代のキャビンアテンダントの女性もそうでした。彼女は男勝りでパワフルで、まさにアグレッシブなダチョウおんなという感じの女性です。パーサーとして、新人の指導をしなければいけない立場になったのですが、ついつい厳しく指導してしまい、なかなか力を発揮できずにいました。

「上手くリーダーシップをとりたい」そのためにメンタルルームを訪れました。トレーニングが始まって間もないころ、彼女の心にも本人の気づかない別の問題がある。彼女の心に今もある深い傷が、現在の心の在り方に影を落としているのではと感じたのです。

聞くと、二六歳のときに、婚約までしていた恋人から、「他に好きな人ができたから別れてほしい」と告げられ、赦せなくて自暴自棄になったことがあるのだと言います。


私は彼女に語りかけました。

「その彼のこと今でも赦せない……ほど大切だったんですね……」

「ええ……すっかり昔のことで、忘れたつもりでいました。でも、こうして話していると、全然赦せてもいなくって、まざまざと彼の記憶がよみがえってきます」

「今でもその想いがちっとも消えないほど、大好きだったんですね」

「……そうです。好きでした。でも、突然別れたいと言われて、彼にひどいことをしてしまったんです。誰にも渡したくないと思って、別れを切り出された後にはもう、家に押しかけ、嫌われるほどに電話もして、それでも諦めきれなくて、しまいには憎いとさえ思うようになって。そんな自分がイヤになって……」

「そこまでさせるくらいに、大切な人だったんです。自分をなくすほどに。そのときのあなたが求めてやまなかったのは彼との未来……。すべてなくしてもそれがほしかったんだと思います」

彼女は、目を真っ赤にしてうなずきました。

「離れたくなかった……。一緒にいたかったんです。でもそれはかないませんでした」

「自分をなくして、彼もなくして、心に残ったのは、やっぱり彼への愛だったんです。その愛は行き場を失って、自暴自棄になった。そんな自分がイヤになって、あなたはその想いを封印しようとしたんです。その想いを絶ちたくて、自分の心にふたをし、前に進もうとした。こんなみじめな自分は本当の自分ではない。そして何より、振られたことを認めたくなかったから」

「はい。私が振られるなんて思いもよらなかった。はじめてだったんです。全否定された気持ちでいっぱいでした。だから、彼よりも早く結婚して、幸せになろうと必死でした。それからの私はたくましく、強く在りたいと動き回りました。

学歴も年収もキャリアも、誰もが彼より上であると認めてくれる相手を探し求めました。それで今の人と出会い結婚したんです」

「そうすることで、その恋に終止符をうった、そんな気がしていたのかもしれないですね。けれどそれは、本当の自分じゃなかった。本気で人を好きになって、傷つけられて、動けなくなっていたあなたが本当のあなたなんです。だからもう、それを恥じることなんて決してない。そんなにも人を好きになれた、その心こそがあなたの人生においての真実なのだから」

彼女は真っ赤な目でこちらを見ました。

「そのときのあなたを今の自分が受け止めて、ひとりぼっちで、行き場を失ったあなたを抱きしめてあげてほしい。やっとあなたがあなたに戻れたんです」

「私、女の子だ……。こんな何十年も昔の恋愛で……。でも、何だかとてもあたたかな気持ちです。私、男になんか負けたくない。そう思って頑張ってきたんですね」

「そう。本当は傷つきやすい心に鎧を着て、強く在りたいと肩ひじはって、弱くもろくもある自分を打ち消そうとしてきたんです」

「そんな自分を自分が認めたくなかったんだと思います。振られてみじめな自分を消したかった」

「そう。その強がってきたあなたは、本当のあなたではない……。そんなに強く在ろうとしなくたっていいんです。何より、あなたがそれほどまでにいっぱい傷ついて、人を好きになっていっぱい泣いて、それでも何年も経った今もなお、そんなにも内側に愛が溢れている。それこそが真実なんです。そこには偽りもプライドも何もいらない。それが在るがままのあなたの本来の姿なのだから」

彼女は涙を流しました。あたたかい涙です。「こんなの私じゃない」「カッコ悪い」と振られて自暴自棄になった自分を受け入れられず、彼女はその愛を瞬間冷凍させるかのように封印してしまったのです。それが解凍されたかのように、涙が溢れ出たのです。

「胸が熱くなってきていて、気持ちが堰《せき》を切ったように溢れ出ている感じがします」

「今、わき起こっている想い。溢れ出す愛でいっぱいになっているその心。それこそが本来のあなたなのだから。その想いこそが、今あなたが抱えているリーダーシップとは何かという問いの真の答えです。リーダーだからといって、決して強くふるまうことがすべてじゃない。本来のあなたのあたたかで優しく、傷つきやすい、そんな女性としてのリーダー像を見いだしていったらいいのではないでしょうか」

彼女はキラキラした笑顔で、うなずきました。

物理次元にいるかぎり、自分の意志では決められない、思わぬことがふりかかってくるものです。それは、仕方のないこと。

だからこそ心の視点を引き上げて、起きた問題そのものに反応するのではなくて、そのとき感じた自分の想いを抱きしめていくこと。あなたの人生を受け止めていくのは、他の誰でもないあなた自身です。

私は人間の感情のなかで、「赦し」というものが最も崇高で尊い感情なのかもしれないといつも思っています。赦すことができる心とは、何が起きても最後の最後まで無限大に存在する可能性を否定しないということです。

否定からは何も生まれないことを知っている鳥おんなは、相手を認め、相手の過去も現在も、そして未来さえも認めることができます。たとえ相手が自分を傷つけたとしても、それは相手が決めた選択であり、究極相手の人生は相手のためにあり、相手の自由である、そう思うのです。赦すというのは、人間の尊厳を本当の意味で認めているということです。だからこそ、相手を赦すことができれば、自分自身をも赦すことになるのです。

傷つけられてもなお赦すというのは、憎しみという黒い感情で自分を汚すことを赦さない高い美意識と、それを包みこむ「慈愛」があるということです。

「愛は奪うものではなく、与え合うもの」

その本質を人生において体現しているのが、鳥おんなの赦す心の在り方です。

わき起こるどんな感情も、視点を上げることで客観的に見つめ、受け入れ、認め、そして浄化し、自由な心を手にする鳥おんな。

究極の愛とは、相手の自由を受け入れることです。相手を縛りつけて、自分の思うままにしようとするのは、愛ではなく「エゴ」です。本来愛は与えるものであり、相手の幸せを願うものであるのです。自らの幸せのために相手が存在するとばかりに、相手を縛りつけ、相手の時間や自由を奪うのは、決して愛ではないのです。

愛は外側に在るものではなく、自らの内側にすでに在り、心で感じ取っていくモノなのです。そして慈しみ、育て上げていくものです。そうして溢れ出す愛情を誰に注ぐのかを、あなたが選ぶのです。

憎しみに囚われた虫おんなは、相手を絶対に手放さないと必死にもがき苦しみながら、自らの憎しみの黒い感情へとどんどん落ちていきます。

愛という感情の裏側に、憎しみの感情は生み出されます。相手の心の内側にある愛を、自分のものだと奪い合う。自分を愛してくれているのかと試し合い、それが実現されなければ相手の存在を憎み、否定します。

愛を与えてくれなかった、傷つけられたと自分勝手に思い込み、大切なはずの相手を傷つけたり、恨みさえも抱いてしまう。

そうして未熟な愛は、憎しみを生み出すのです。

愛する力を鍛えない人間は、愛は与えてもらえるものだという思い違いをする。愛されることに必死になりすぎて、多くの人は人生の大半の時間を消費していく。どこにも見つけられずにいた愛は、すでに自分の内側に在ったということに気づくまでに、あまりに多くの時間を費やしてしまうのです。

憎しみを抱き続けることで幸せになれるのかと問われれば、そうではないということくらい誰もが知りえている。けれど、人はときに大切な自分の中心に在る「エゴ」をコントロールできなくなる。その相手が自分にとって大切な人であればあるほどに。

狂おしくも愛している。その想いがかなわないときに人は、自分を見失うのです。物理的な存在として失ったのはその相手ではないのです。失っていくのは恋人という存在ではなく、行き場をなくした心の存在なのです。

けれど、愛の本当の意味を知ると、憎しみという感情は消えてなくなります。赦すという心の在り方が自らを浄化し、憎しみから解き放ってくれるからです。


誰かに憎しみをもってしまうような経験をしたとしても、まずは自分をいたわってあげてほしい。

そんなにもその人のことを愛せたことを。

素晴らしい出会いがあったのだということを。

嫌う鳥おんな、嫌われる虫おんな

「好き嫌いがはっきりしているんです」
「すぐ、顔に出ちゃうんです」

多くの人は、好き嫌いが激しいのはネガティブなことだと思っています。
自分の感情を抑えることが正しいと教えられてきたからです。

嫌いがわかるということは、好きがわかるということ。
「私はこれが好き、嫌い」というのは、決して抑える必要のない感情です。

嫌いという感情をあいまいにすると、好きという感情もあいまいになるのです。

好き嫌いをまったくもたずに、「何でもいい」と思うことは、あなたを幸せにはしてくれません。大切な自分に対して「何でもいいという選択をすること」は、自らの人生を放棄しているのと同じです。


「嫌いと言うと、人に嫌われる」

そう思うのは、他人に嫌われることを極端に恐れているからかもしれません。

逆に言えば、人に好かれたいと思うあまりに、自らを不自由にしているのだということに多くの人は気づいていません。

人に嫌われたくない、好かれたいと思う前に、自分の好きがわからない。

自分が何をしたいのかさえもわからない。

嫌われたくないから相手に合わせてしまう。

好かれるためにどんどん「イイ人」になっていく……。

でも実は、「好かれたい、嫌われたくない」という感情は、誰のためにもなっていないのです。それはただ、自分を守るための無用の感情です。
「好かれなければいけない、嫌われてはいけない」といった強迫観念が、ちぢこまった生き方を無意識に強いているのです。

人間は人に好かれるために生きているのではありません。私たちは、自分の「好き」を人生で見いだすために生まれてきたのです。人に好かれることなどうでもいいはずです。好きがあれば、嫌いがあってもいいのです。

限られた時間のなかで、どれだけ自分の「好き」を見いだせるか。わざわざ好きでもない人と会うために、嫌いな場所へ出向く必要などないのです。

「嫌われたくない」「嫌われたらどうしよう」といった、嫌われることが前提となった恐怖心は、あなたが生み出しているネガティブな感情です。

あなたの人生は、まだ起きていない未来に対して怯えるためにあるのではなく、楽しみを見いだすために存在しています。自分が好きなものを選び、好きな場所に降り立ち、摑みたいものを摑む。そうして選び取ったものすべてが、あなたの人生を創り出すのです。

嫌われる虫おんなは、「自分が好きだから、嫌いだから」という観点で人生を選べなくなってしまっています。人に好かれることをいつも最優先にしては、自分の感覚をあいまいにして、決定権を他者に委ねてしまうのです。自らの人生を他人まかせにしたのに、自分でコントロールできなくなった人生をつまらないと感じては嘆くのです。

自分で物事を決断し、人生を選ぶためには、好きと嫌いがわからなければ何も選びだすことはできません。自ら「選ぶこと」によって、責任が生まれます。その決断を他者に委ねることは、責任を回避している、逃げの感情の裏返しでもあるのです。

幸せになりたくてどんなに人に好かれようと生きたとしても、あなたを真に満たしてくれはしないのです。

人生において何より重要なことは、「自分が何を感じて、何を思って、今そこにいるのか」ということです。それこそが、あなたを本当の意味で幸せにしてくれるのです。

揺れ動く鳥おんな、ブレる虫おんな

「感情のコントロールができなくって」
「感情を抑えられなくて困っているんです」

「感情コントロール」ということを、多くの人は間違って捉えています。
感情コントロールとは、感情を抑えることではありません。
感情というのは揺れ動くものです。
波立つ感情を高みから見つめ、受け止めることで、やがておさまっていく。
感情を抑えることは、大切な自分を無視するということ。
それはやがて、自己否定へとつながっていきます。

たとえば、部下がミスをして、腹を立てることがあったとしましょう。本当は何度言ってもわからない部下にいらだちを覚え、「何で私が被害を被るの」と思っているとする。けれどいい上司で在らねばと、本音とは裏腹に「大丈夫。私が何とかするから」と、感情とは別の言葉を発してしまう。結局、やりたくもないのにあなたが後始末をすることになる。

すると、一瞬物事は片付いたように見えるけれども、あなたが感情を抑えこんだことで、心は元気をなくしていきます。

社会を生きるということは、実は矛盾を生きるということなのです。

在りのままに感情をぶつけることは、大人げないと教わります。

確かに、感情のままに生きるということは危険なことです。感情をそのまま相手や社会にぶつけてしまえば「こう在るべき」で成り立っている世界からつまはじきになってしまう。そしてやがては、居場所をなくしてしまいます。

物理次元において、私たちは誰かの都合で生きることを強いられています。「自分の都合で生きてしまったら排除される」そんな恐怖心を植え付けられてきています。こうした制約があるのは社会で生きている以上、致し方のないことなのです。

心のなかでは「こう在りたい」と思っているにもかかわらず、「こう在るべきだ」という制約がそこにはある。「こう在りたい」と「こう在るべきだ」という狭間《はざま》で、人はストレスを感じ、心の壁をかたくななものにしてしまう。

上へ上へと心の視点を高くしていくことで、本来の「こう在りたい」という自分を取り戻すことができます。

大空を舞う鳥おんなは、揺れ動きながら、ふわふわと、自分はどう在りたいかを選んでいます。

鳥は「こう在るべき」で飛び立つのではなくて、「こう在りたい」という場所へ舞い降りるために飛んでいくのです。
その揺れは、迷うことのないポジティブな在り方です。
冒険心、好奇心をもって新たな自分を追い求める柔軟性のある生き方です。

地べたを這いつくばるブレる虫おんなは、目先の障害物に一喜一憂する在り方です。「進みたい場所」よりも「進める場所」を探し求めざるをえないのです。

それゆえ、自分の意志とは真逆の場所へ行き着くこともある。そうして、軸がブレた不本意な人生を、ブレながら送るのです。

自らの軸がブレると、感情の波に呑まれてコントロール不能になります。

そうしてブレる虫おんなは、やがて自分さえも見失うのです。

人間の心が揺れ動くこと自体は、本来とても美しいことなのです。

心が揺れ動くことではじめて、人間は心をもって生きているのだと感じることができます。揺れ動く鳥おんなというのは、まさに人生を生きる醍醐味《だいごみ》を味わっているのです。

そして、たくさんの選択肢のなかから、あなたがどの感情を選び、その感情とどうつきあっていくのか選べるようになれば、揺れ動く鳥のように自由に羽ばたいて生きられるのです。

心の視点を引き上げることで、そのゆらめく自分を受け止めていけばいいのです。


人生を成功に導くのは、いわゆる動じない心だと思われがちです。けれど私は、メンタルトレーニングを通して、動じない心を創るつもりはありません。多くの人は心を丈夫にしよう、安定させようとしたがります。けれど、動じない心というのは、何も感じ取れないということへもつながるのです。

多くのモノを感じることができるという素晴らしい心を動じなくさせてしまうのは、まったくもってナンセンスなことです。

世の中には、たくさんの感動的で美しいモノが満ち溢れています。私たちは、そうしたモノを感じ取れる、揺れ動く心をもって生まれてきました。今以上に心がたくさんのモノに反応できるように鍛えていくことが何より必要なのです。

感情が揺れることはいけないことだという思い込みを、一度外してしまえば、不安や迷いという感情は自ずと人生から消え去ります。

揺れ惑いながらもひとつの道を選ぶこと。

それこそが心をもった人間の美しい在り方なのではないかと思います。

何も感じない人生なんかより、めいっぱい感じて、何だかわからないけれど心がくるくる動き回る。そんな人生を選んではみませんか。

感情をもつ人間なのだから、一喜一憂したっていい。

そんな揺れ動く人間の心は、何より美しいのです。

ロックな鷹おんな、コンサバな虫おんな

ロックな鷹《たか》おんなは、どんなときも大空を羽ばたき、自ら決めた場所に真っ直ぐ飛んで行く勇ましさをもちます。風が吹こうとも、嵐が来ようとも、流されることなく、前へ前へと突き進みます。

鷹おんなの鋭い目は、自らが求める場所を鮮明に思い描いています。その目には遥か彼方、行き着きたい理想の場所を求め、降り立ちたいという、とんでもなく熱い想いが秘められているのです。

鷹おんなにとっての最大の敵となるのは、自らの心です。環境がどうあれ、自分が高く飛び立ち、勇ましく羽ばたくことをモットーとしています。心の視点を地上から高く高く引き上げ、どこにだって飛んで行けると信じて疑いません。

ロックな鷹おんなは、「たどり着けるかどうか」ではなく、「どこにたどり着きたいのか」のみで飛び立つ、「自分を信じる勇気」の持ち主なのです。

多くの人は、自分が大空を高く飛び立てるかどうかに不安を感じて、躊躇《ちゅうちょ》します。自分が高く飛べることを信じられていない。飛び立つことより、落ちることへの恐怖心が強いので、いつでも地上に降り立てるギリギリの高さまでしか飛び立とうとしません。自らの限界はそこまでだとはじめから決めてしまっているのです。

ロックな鷹おんなは、自らの限界をつくらず、ただひたすらに、空の彼方にある行きたい場所をすでに強烈に思い描けています。飛び立つことへの恐怖心よりも、たどり着くことへの喜びを信じているのです。

ときに、獲物を狙う欲求が強くなりすぎるあまり、ロックな鷹おんなは、残虐な行動に出ることがあります。

自分のほしいもののためには、恐れを抱くことなく、真っ向から食いつく鋭いくちばしと、刃物のような爪で獲物を捕獲します。そうなると、もはや鷹は鳥ではなく、まるで猛獣です。心の視点は引き下がり、自らの欲求に走ってしまうという悲惨な結末を迎えてしまいます。

心の視点が引き下がると、とたんに豹変《ひょうへん》する可能性を誰もが秘めています。抑えきれない欲求は、心の視点が引き下がれば、凶器にもなる。

高い美学を貫く「侍」のような生き様は消え失せてしまうのです。


「侍」とは、「武士」のことです。

人々の平和を守り、意志をもって闘うために与えられた武器をもつ者。

それが武士です。

本来、武士がその武器を向け闘うのは、誰かを傷つけるためではなく、大切なものを守るためです。

平和を貫きたい、自由な社会を守りたいという高い美意識こそが、武士にとってのロックな生き様の根底にあるのです。

「気高く生きて、美しく散る」

それが武士の生き様です。

無様とは、「様の無い様子」のことを言います。

生き様を失うこと自体、無様なのです。

高い意識をもたずして武器を手に入れると、手に入れたその武器が、人を傷つける凶器になることがあります。

視点が下がると、世界の平和を守るというビジョンをなくし、何のために自分が在るのかという本分を忘れた、残念な浪人になってしまいます。本来、武士が内に秘めていた情熱は、心の視点が引き下がればコントロールできなくなってしまう。その結果、自己中心的な生き様となり、武器をふりまわし、人を傷つける在り方となるのです。

人やものを傷つけることで、何より傷つくのは自分自身です。理想と現実の狭間で美学をなくして生きることは、武士にとって、もはや自傷行為に近いのです。

誰より美しく気高く、ロックな生き方をするには、諸刃《もろは》の剣のような情熱とともに勇ましく在り続けること。これがロックな鷹おんなの本来の姿なのです。

コンサバに生きることを選ぶ虫おんなは、列からはみ出さないために、真っ直ぐ突き進む。それゆえ、はみ出さないためには、命を落とすことすらあるくらいです。危険な場所へは立ち寄らず、「どこへ行きたいか」ではなく、「どこへ行くべきか」を触角で察知し、パターン化した行動を繰り返します。決められた道をひたすらに進み、決してイレギュラーな行動をとりません。

変わらないことを続けるために闘い続けるかのように、同じ行動を来る日も来る日も繰り返す。そんな人生を選ぶのです。保守的であることで命をつなぐ生き様です。

未知のことにチャレンジすることは、危機であるとコンサバな虫おんなは感じます。

挑む前から「私にはできない」と自分の能力を過小評価しているからです。

「自分にはできない、まだ無理だ」と自らをみくびり、諦めたがる心がすでにできあがってしまっているのです。

けれど、コンサバな虫おんなであっても、心の視点が引き上がっていくと、何が起きても、すべてを受け入れていくことはできます。そんなときの虫おんなは、挑戦することはないけれど、穏やかな人生を自ら選び取ったと言えるのです。

生き様は、自分で決められます。

鳥おんなであっても、虫おんなであっても、心の在り方を変化させることはいつからだってできるのですから。

石橋をたたくひよこおんな、石橋をたたきわるひよこおんな

「やめたくても、やめられない」
「転職したいのに、転職できない」
「変わりたいのに、変われない」

こんな悩みを抱えてはいませんか？

メンタルルームを訪れた三〇代半ばの会社員の女性もそうでした。転職したいと思いながらも、三年近くも同じ会社でやりがいを見いだせず、悶々《もんもん》としていました。

「時間ばかりが無駄に過ぎて、焦る気持ちでいっぱいなんです。何度も転職しよ

うとしてはいたのだけれど、結局、後ろ髪を引かれて行動に移せずにいるんです」

用心深くなることを「石橋をたたいて渡る」と言います。

さらに、用心に用心を重ねたのにもかかわらず一歩も踏み出せない、「石橋をたたきわる」姿。彼女はそんな心の在り方になっていたのです。

これまで大切にしてきたものを優先するあまりに、結局現状維持で前に進めない。石橋を渡ったその先にある新しい人生を手に入れられないでいるのです。

未来への架け橋となってくれるはずの石橋のほころんでいる場所や古くなっている場所をわざわざ探しては、壊れるほどにたたいてしまう。最終的には石橋をたたきわって、先に進めなくしてしまうのです。

その深層心理にあるのは、橋を渡って自分が変化することをどこかで拒んでいる自己不信の感情です。どこかで怖い気持ちを抱えているので、いつでも確実に後戻りできるように用心しながら石橋をたたき続け、しまいにはその大事な橋をたたきわってしまうのです。

石橋をたたきわるひよこおんなは、自分の小さな足では、果てしなく続く石橋を渡ることはできないと、自分のまだ見ぬ潜在能力を真っ向から否定しているのです。石橋をたたきわることでその先には進めないという状況を自らつくり出し、無意識に一歩踏み出せない言い訳にしているのです。

石橋をたたきわってしまうひよこおんながいる一方で、石橋をたたきながらも前に進もうとするひよこおんなもいます。どんなに小さい一歩だとしても、次の一歩を踏み出すために石橋をたたくひよこおんなというのは、自分を信じる勇気のある女です。

経験は未熟だけれども、強い意志と自分にはできるという勇気をもちえたひよこおんなは、一歩ずつ石橋をたたきながらも、前に進もうとします。

たとえ同じ能力や同じ姿形をしていたとしても、目の前にある問題や障害がまったく同じだったとしても、心の在り方次第で未来は違ってきます。

石橋を渡ったその先に出合う何かを強烈にイメージすることで、どんなに未熟で、か弱い存在であっても、自らの生き様を選ぶことができるのです。

重要なのは、石橋を渡れるかどうかではなく、その先にある新しい自分に出合うためにその石橋を渡りたいと思うかどうかです。

私はこの女性に、こう言いました。

「自分のペースでいいんです。大きな一歩ではなくてもいいんです。まわりが駆け足であなたを追い抜いたとしても、それはあなたのペースではない。行きたい場所を決めて、そこへ一歩一歩だって進んでいければいい。そんな自分を認めていってあげればいいんです」

彼女は、メンタルトレーニングによって、石橋をたたきながらも自らの足で渡り終えることができました。やりたいことを見つけて転職を決めたのです。

「ちゃんと自分の足で立てている感じがします。はじめてこの年で、真に自立できた。そんな気がしています。これからは自分が本当にやりたいことで、社会に貢献できるんだって思えていることが何より嬉《うれ》しい」

そう笑顔で語ってくれました。

妬かれる鳥おんな、妬く虫おんな

嫉妬の感情は、とてもやっかいなものです。

嫉妬心は、ほとんどの場合、自分を他の誰かと比べることで生み出されます。

妬《や》く虫おんなが誰かに嫉妬するのは、自分がその相手よりも劣っていると感じるから。嫉妬心は自分のなかでどんどんふくれあがり、やがてコントロールがきかなくなります。

「自分は今嫉妬にかられている。それは、自分が相手を羨んでいるからだ」そう認識できているときは、案外冷静なものなのです。けれど無意識にわき起こる嫉妬の感情は、無自覚であるがゆえに、非常にやっかいなものとなります。嫉妬の黒い感情を抱いているときは、心の視点は引き下がり、負のスパイラルにはまり、闇から抜け出せないでいるのです。

誰かに嫉妬をすると、自己喪失の感情が強まり、自分を見失います。やがて相手を疎ましく思い、自分の存在すらを消したくなってしまう。

妬かれる側の鳥おんなは、妬く虫おんなから見れば、優れて映ります。そのため、妬く虫おんなは、相手に近づけば近づくほど自分の存在価値が薄らぐのです。虫おんなが自分の存在価値を高められないのは、今の自分には成長がないと思い込み、無力感にさいなまれて、何の努力もせずにただ相手を羨ましく思うからです。そして、自らの汚れた感情をごまかしながら、嫌気のさす自分の人生をも恨み続けるのです。

妬かれる鳥おんなは、たとえ嫉妬されて黒い感情をぶつけられたとしても、心の視点が引き下がることはありません。それは、嫉妬する人間の黒い感情をも消し去るほどの、浄化システムをもちえているからです。それゆえ、鳥おんなの自尊心が汚れることはありません。むしろ嫉妬を受けても、それは自分の外側で起きていることだと受け止めることさえできます。

妬く女は相手を見ているのに対し、妬かれる女は自分に意識が向いているのです。妬く女はいつも自分とまわりを比較し、自分にないものをもっている人を羨んでいるのです。

恋愛においてのヤキモチでも同じことが言えます。

妬く虫おんなは、相手のなかに自分の価値を見いだそうとするので、相手が自分のためにお金や時間を使うことが愛だと思っています。相手の時間や相手の人生、相手の存在そのものさえもまるで自分のためにあるかのように錯覚し、それを得られることが愛だと思っています。

妬かれる鳥おんなは、自分のなかに相手を感じ取り、相手の存在を自分の内側に感じています。たとえ相手が目の前にいなくても、物理的なつながりではなく、精神的なつながりを深めていくことができるのです。

高い次元でお互いの人生を共有しているかのように、あたたかく相手を思いやることができます。

ときに相手の視点が引き下がり、妬かれることもあるけれど、それは自分の外側で起きていることだと認識しています。自分自身の内側の存在価値は変わらないので、愛は持続します。結果、自分の外側で起こる状況の変化に一喜一憂することはないのです。


妬く女が満たされないのは、愛されないからではなく、愛を見いだせないから。

妬かれる女が満たされるのは、愛されているからではなく、愛を見いだす力があるから。

その違いにどうぞ気づいてください。

自分軸な梟おんな、他人軸な虫おんな

自分軸の代表選手は、梟《ふくろう》おんなです。

梟は森の番人と呼ばれるだけあって、まわりから一目おかれる存在です。

眠りにつく森の静けさのなかで群れることなく、ひっそりとたたずんでいます。

世界が静まる夜の闇のなかで、梟おんなが見いだすのは、自分の内側に拡がる世界です。梟おんなは、目に映る世界だけではなく、心が生み出す自分だけの世界を日ごと構築していく哲学者のようです。

暗闇を見つめるその大きな瞳は、目に見えないたくさんのモノを感じ取っています。

静まりかえり、何も見えない暗闇のなかだからこそ感じられるモノを、梟おんなは、繊細に、そして力強く、自分の感覚だけを頼りに感じ取ることができるのです。外側に拡がる憂愁の美を闇の世界から取り込んで、自らの内面の世界を豊かにふくらませていくのです。

梟おんながジタバタせず、意味もなく空を飛び回ることをしないのは、実際に物理次元で動かずとも、もの静かに、自分自身との会話を楽しんでいるからです。創り上げているのは「自己哲学」。自らの内面と向き合うことでそれは構築されていきます。物事を判断するときには常に自らのブレない軸を頼りにするのです。そんな姿は、他人から見れば、自分軸な生き方として敬われます。

心の視点が引き下がった他人軸な虫おんなは、即物的に、目に見えるものに反応します。虫おんなは「心」ではなく、「触角」で反応するので、目の前に拡がる外側の世界にふりまわされてしまう。

他人軸な虫おんなは、答えを自分以外の外側に求めたがります。

寂しさや孤独を怖がり、自分をごまかして群れてはみたものの、ますます自分を見失っていきます。自分軸はそもそも崩壊しているので、何の疑問ももたずに他人の軸に寄りかかり続けるのです。

人生、「他人軸」にしてしまえば、何の責任も負わずにすみます。

けれどそのかわり、自分自身の心で感じられることも、同じだけ減ってしまいます。これでは、自分軸を創り上げる自己哲学など生まれようがないのです。

世界を自分の内側に感じて生きる梟おんなと、世界に呑みこまれて生きる虫おんな。

その違いは、自分軸か他人軸。

自分軸で生きることとは、孤独と背中あわせを意味します。

自分を貫くということは、それだけ自分以外の何かとぶつかることもあるからです。けれど、自分の成しとげたい何か、摑みたい何かのために自分のベストを尽くして生きるときに、自分軸はできあがるのです。

軸は創るものではなく、生まれるもの。

誰かに教わるものでも、自分の外側に転がっているものでも決してないのです。目に見えない、そして、カタチもなく、聞こえもしない。そんな世界のなかにこそ、あなたの軸は生み出されていくのです。

本気の鳥おんな、一生懸命な虫おんな

人生とは、限界を超えるために存在します。

けれど、「限界」を避けようと生きる人は多い。

目の前にたちはだかる限界に、恐れや諦めを感じてしまうのは、自分のまだ見ぬ力を信じられていないからです。限界の壁を前にすると、これまでの経験から自分には「無理だ」と判断してしまう。

人間は、はかりしれない力を潜在的にもちえています。その力を発揮させ、とんでもないことを成しとげ、多くの人々を感動させる。そうした人々はいつの時代も存在します。オリンピックで活躍する金メダリストや、ノーベル賞をとる発明家……。とんでもない力――潜在能力はそうした天才たちの特権では決してないのです。それにもかかわらず、その力に気づかずに一生を終える人もいまだ多くいます。

潜在能力の鍵を握るのは、「本気」と「一生懸命」。

「本気」と「一生懸命」。

目の前にやってきた限界の壁を「越えたい」と願うのか、「越えられない」と嘆くのか。そこに能力や性格のタフさなどは関係ないのです。

越えたいと願い「その先にある感動的な何かを、自らの人生で摑むこと」それを目指す人間に宿るのが「本気」という心の在り方です。

本気な人間には、改革を起こす力があります。それをイノベーションと呼ぶのです。

そうしたイノベーションこそが今まさに求められている時代です。

イノベーションはあなたの外側に起こるものではなく、あなたの内側に起こすものなのです。


限界を超える勇気のない「一生懸命」な虫おんなは、人々に感動を与える価値など生み出すことは永遠にできません。自分という物理的人間の限界にただひたすら向き合い続けて、越えられない壁を嘆く人生を送り続ける。

限界の壁がそびえたったとき、一生懸命な虫おんなが躊躇してしまうのは、「自分にはその壁は乗り越えられない」と心の限界をつくるからです。

それでも懸命に頑張って乗り越えようとはする。けれどいつしか頑張っている自分に満足するかのように、「一生懸命」頑張った自分を認めてもらうことに必死になっていく。その姿はまるで褒められたいがゆえに、壁を登ろうとする幼い子供のようです。

壁を越えることではなく、自分の頑張りと苦労をアピールすることが目的へとすりかわってしまうのです。

「壁を越えられない」
「できないかもしれない」

まだ見ぬ未来への不安を感じ、自分に言い訳するのは、「失敗する」が前提となっているからです。

一生懸命な虫おんなが、足りてない自分への予防線をはってしまうのは、危険をおかしてまでほしい何かが見いだせていないからです。

他人に認められるかどうかで自分の価値が決まると思っているがゆえに、足りない部分を誰かに認めてもらうことに必死になる。まだ見ぬ可能性を自ら信じられないような人間に、どうして他人の無限の可能性を信じることができるのでしょうか。それでは、人生においてイノベーションなど起こしようがないのです。

「できないかもしれない」ならば、「できるかもしれない」の可能性を信じてみる。

本気の鳥おんなは、限界の壁を越えることが人生だと受け止めます。

それゆえ、どんな壁も躊躇することなく飛び越えることができるのです。


本気とは、無我夢中に突き進む純潔な心の在り方です。

乗り越えられるかどうかではなくて、乗り越えることで摑みとりたい何かがあるのです。何より誰より自分の未来を信じる勇ましさがそこには在るのです。

だからこそ、躊躇も迷いもなく目の前の壁を突き破ることができるのです。

そこに恐れや迷いはいっさい生じないのです。

自分をどんなときも、見失うことがないのが本気の鳥おんなの在り方です。


「誰かのために何かをするのではなく、自らの意志で自分の欲する何かを摑みとる」

そうして得られる感動を求めてやまないのは、他の誰でもなく自分自身です。

本気が宿れば、誰もが自分の今を超えていける。
そして、未来の何かを具現化することさえできるのです。
あなたの人生において、自分の存在以外に確かな真実など、どこにもない。
こんな時代のなかで、試されているのはあなたの心の在り方です。

本気の女が、世界を変えていく――。

エピローグ

「この先の私たちにとって、いったい何が信じられるものになるのだろう」

近代化されたこの時代のなかで、そう思うことがあります。

コンピューターテクノロジーの進化やSNSの発達によるボーダーレス化。

世界がめざましく進んでいく一方で、「人間は尊い何かを失ってはいないか」そんな喪失感を多くの人は抱き始めています。

そうした想いを埋めるかのように、社会はエコだったり、自然保護だったりに走っていく。けれど、「実際そんなもので、誰の人生が幸せになるのだろうか」そんな疑問さえ抱くことがあります。

結局のところ、世界がどうとか、環境がどうとか、革命がどうとか、そんなことはさておき、何よりも、あなたの心が今何を感じているのか、何を社会から受けとって、何とどう関わって今を生きるのか。

それ自体を見いだせずにいることのほうが、よほどの危機なのではないかと思うのです。


時代とともに、たくさんの価値観が生まれては消えていきます。

結局のところ、どんなに社会が進化し変動したとしても、あなたがそのときその瞬間、何を感じられているかが、あなたの人生の価値を創り出していくのです。

「心が感じるモノ」それが、あなたの人生のすべてだからです。

人生において何より大切なのは、

「何が起きたかではなく、何を感じられるのか」

その一点につきるのです。


多くの人は、自分に何が起きるのかばかりを期待してしまうけれど、何が起きようとも、あなたが目に見えないモノを感じ取ることができなければ、そこには何の価値も存在していないのと同じこと。

この真実に、一刻も早く気づくこと。そして、多くの人々の人生にとって、この真の幸せの法則が今最も必要とされているということに。

どんなに時代が変わっても、どんなにテクノロジーが近代化されてめまぐるしい進化をとげても、人間の心というものは、これまで手つかずのまま放置されてきてしまってはいないか。そんな気がしてなりません。

磨かれ、鍛え、創り上げていけるはずの心が何ら研究されることもなく、むしろやっかいな存在として扱われている。

どんなに時代がハイテク化しても、いまだ原始的な心の悩みは消えず、人々を苦しめている現状に対し、何もできずにいる社会をどう感じますか？

これこそが、人類の危機と言えるのではないでしょうか。

他の誰でもない自分自身の心にフォーカスし、潜在的にもつその力を今こそ、活用すべきなのです。

どれだけ時代が進化しようと、どれだけ便利になろうと、世界にイノベーションが起ころうとも、あなたの心が幸せを感じられていなければ、新たな革命など何ら意味もない。すべて無用の産物なのです。

「いかにして自らの〝心〟を扱うのか」

これが、この先の時代のテーマになっていく。そう感じています。

私自身、人の心を扱う者として、目の前の人の心の視点を上げ、無意識で無自覚な〝心〟という領域に踏み込むことを自分に課しています。

目に見えない人の心を、ただひたすらに感じていく――。

そこに限界があるかどうかよりも、限界に立ち向かいたいという意志の力が私を勇ましく導いてくれます。

自らの限界を超えるために人生はあります。
そのために私たちは、潜在的な心という無限の力をもちえているのです。
それはすでに誰の内側にも存在しているのです。

目に見えないけれど、誰もがもつ心というもの。その心の視点を引き上げることによって、多くの情報が溢れるこの世界で何を感じ取り、何を選び取って生きるのか。
この時代を生き抜くために、あなたのそうした「意志の力」が今、必要とされているのです。

「意志ある女こそが、この時代に美しく在れる」

これからは、女性が選ばれるのを待つ時代ではありません。

これまでの生き方がどうであれ、

「真面目に生きること」

「在るがままに生きること」

すべてはあなたが決めればいいのです。

自らがほしいと思うものに、真っ直ぐ突き進める勇ましさが、この時代を生き抜く新たな力となるでしょう。


「我がままに、そして、在るがままで在れ」


他の誰でもない、あなたが「これがいい」と感じたものに突き進む。

たくさんのもののなかから、それを自らの意志で選び取る。

そのためにあなたの人生は在ると言っても、過言ではありません。


誰もが自由に人生を選んでいくことができる。

自らに制限や制約をかけて生きる必要など、どこにもないのです。

世の中は、いいか悪いかではありません。あなた以外の誰かや社会が決めた、これが正しいというルールにのっとったところで、幸せになどなれない。

そんな時代なのです。

何をもって幸せというのか。それは、本人のみぞ知ること。

世間が誰かの人生を外側から見て、どれほど幸せだと判断しようが、当の本人にそれを感じ取る心の力がなければ、目に見えない幸せというのは、永遠に摑みとることはできないのです。


「アイデンティティクライシス」

これは今、多くの人が抱えている心の病みです。

心の居場所が見つからない、自分が自分でなくなる、自らの存在理由を見いだせない。そうした「孤独」が心を蝕んでいきます。

孤独とは、自分と他人の境界を感じることで、生み出される心の闇。

心の視点が引き下がることで、他人と共存することも、この先の未来のビジョンや可能性をも見いだせなくなってしまうのです。

そんなとき人は、自己喪失ギリギリの状況で、虚無を感じていく。自分を守ろうとすればするほど自分は見えなくなり、やがて動けなくなる。

心の視点を引き上げ、社会に共存する自分、自分以外の誰かとの間にある見えない絆を感じていくこと。心の視点を引き上げれば、自分と他人、自分と社会のつながりを感じていくことができます。

自分は社会の連鎖のなかに取り込まれた大切な存在であると感じられていくのです。そして、自分自身を取り戻すことで、本来の自分に戻ることができる。

人生を創り上げる潜在的な力はすでに、あなたのなかに存在しています。

大切なモノは、すでにあなたの内側に在る。

すでに在るのにもかかわらず、あなたがそれを見いだそうとしなければ、ベクトルはどんどん外に向かい、自分を見失っていくだけなのです。

「心の在り方が、人生を創り上げていく」

この本のなかに詰め込んだ、たくさんの鳥おんな、虫おんなたち。

どちらを生きるかは、あなたの選択次第。

どちらの生き方を選ぶかは、もうすでにあなたはわかっています。

それが、潜在的な人間の力というものなのです。

選べる人間というのは、常に自分の意志決定によって未来を創り出していきます。

私はこの「意志の力」こそ、世界に変革を起こす、唯一無二の原動力であると信じています。

どんなに革新的なハイテクノロジーを詰め込んだコンピューターであっても、

「意志」をもつことができません。

コンピューターには、感情を入れることはできないからです。

感情をもち、何を選ぶか判断できること。

たくさんの情報から自分が必要とする何かを選び取れること。

それこそが、人間であるがゆえの価値であり、尊厳です。

何かから、何かを感じ取れるということ。

それはすなわち、人間に与えられた崇高で無垢《むく》な〝心〟の真価なのです。

人生において、あなたが何をするのか、何をしたいのか。

それを選びだすことこそがあなたの生きる意味であり、あなたという唯一無二の存在価値を高めていきます。

私が心の視点を引き上げていくことをずっと伝え続けているのは、最高の人生の価値を、まぎれもないこの地上で見いだしてほしいからです。

そして、他でもないあなた自身の潜在的に秘められた心の力で、それをカタチにしていっていただきたいからです。
人間は限界を迎えたときに、それを避けたり諦めたりしてしまいます。けれど、そのときにこそ、この本で伝えてきた「心の視点を上げる」という新たな発想で、あなたの世界を変えていってください。

心で感じられるモノがすべてです。
それ以外のものにふりまわされることなく、しっかりと地に足をつけ、大空を見上げ、あなたのその手で未来をどうぞ掴みとってください。

意志ある女こそ美しい。
心の在り方が、世界を変えていく――。

二〇一三年七月　久瑠　あさ美

【著者】

久瑠あさ美（くる・あさみ）

メンタルトレーナー。

東京・渋谷のメンタルルーム「ff Mental Room」（フォルテッシモメンタルルーム）代表。日本芸術療法学会会員。日本産業カウンセリング学会会員。日本心理学会認定心理士。精神科・心療内科の心理カウンセラーとして勤務後、トップアスリートのメンタルトレーニングに積極的に取り組み、注目を集める。

各界アーティスト、企業経営者、ビジネスパーソンなど個人向けのメンタルトレーニングやカウンセリングを行い、多くのクライアントから絶大な信頼を寄せられている。

メンタルトレーニングの実績は、のべ1万2千人を超える。

その他、企業や自治体への講演活動や、ストレスケア・マネージメント、人材教育、リーダーシップ研修など活動は多岐にわたる。児童向け講座、慶應義塾大学での講義など次世代育成にも力を注ぐ。

久瑠あさ美の心を創る「マインド塾」や「メンタルトレーナー養成塾」を毎月、東京・渋谷にて主催している。

雑誌・テレビ・ラジオなどメディア出演も多数。

著書に『一流の勝負力』（宝島社）、『人生は、「本当にやりたいこと」だけやれば、必ずうまくいく』（幻冬舎）、『人生が劇的に変わるマインドの法則』（日本文芸社）、『ジョハリの窓』（朝日出版社）、『「マリアスイッチ」で愛する力が動き出す』（講談社）、『このまま何もしないでいればあなたは1年後も同じだが潜在能力を武器にできれば人生はとんでもなく凄いことになる』（中経出版）、『潜在意識で体は変わる！「マインドダイエット」』（PHP研究所）、『最高の自分を創る「勘違い」の才能』（青春出版社）、『あなたの「限界の壁」をぶち破る！ マインドフォーカス』（アース・スター エンターテイメント）などがある。

- ff Mental Room ホームページ　http://ffmental.net/
  ⇧TOPから無料メルマガ登録で動画視聴可。
- 久瑠あさ美のメンタル・ブログ　http://blog.livedoor.jp/kuruasami/
- 久瑠あさ美ツイッター　https://twitter.com/kuruasami
- 久瑠あさ美のオーディオブック　http://www.nhk-sc.or.jp/haishin/info/info35.html
  ⇧NHKサービスセンターより配信中。

装丁・本文デザイン　轡田昭彦・坪井朋子
写真　千川修
ヘアメイク　越智めぐみ
企画協力　株式会社ぷれす　辻由美子
編集　黒川可奈子（サンマーク出版）

幸せな女、幸せになりたい女

2013年7月20日　初版印刷
2013年7月30日　初版発行

著　者　久瑠あさ美
発行人　植木宣隆
発行所　株式会社サンマーク出版
東京都新宿区高田馬場2-16-11
電話　03-5272-3166
印　刷　株式会社暁印刷
製　本　村上製本所

ISBN978-4-7631-3305-2 C0030
ホームページ　http://www.sunmark.co.jp
携帯サイト　http://www.sunmark.jp